黄乃裳

（1849—1924）

“福建历史文化名人丛书”编委会

主　任：林蔚芬
副主任：王秀丽
委　员：康蓉晖　杨文飞　李培娟

福建历史文化名人丛书

福建省社会科学界联合会 编

黄乃裳

爱国华侨领袖　民主革命先驱

黄建聪　编著

海峡出版发行集团 THE STRAITS PUBLISHING & DISTRIBUTING GROUP | 福建人民出版社 FUJIAN PEOPLE'S PUBLISHING HOUSE

图书在版编目（CIP）数据

黄乃裳：爱国华侨领袖　民主革命先驱 / 黄建聪编著. --福州：福建人民出版社，2019.10（2020.11重印）

（福建历史文化名人丛书）

ISBN 978-7-211-08186-8

Ⅰ. ①黄…　Ⅱ. ①黄…　Ⅲ. ①黄乃裳（1849–1924）—生平事迹　Ⅳ. ①K825.46

中国版本图书馆CIP数据核字（2019）第204790号

黄乃裳

HUANGNAISHANG

——爱国华侨领袖　民主革命先驱

作　　者：黄建聪

责任编辑：陈　宽

出版发行：福建人民出版社　　电　　话：0591-87604366(发行部)

网　　址：http://www.fjpph.com　　电子邮箱：fjpph7211@126.com

地　　址：福州市东水路76号　　邮　　编：350001

经　　销：福建新华发行（集团）有限责任公司

印　　刷：福建省金盾彩色印刷有限公司

地　　址：福州市金山浦上工业区D区24幢

开　　本：700毫米×1000毫米　1/16

印　　张：10.5

字　　数：107千字

版　　次：2019年10月第1版　　2020年11月第2次印刷

书　　号：ISBN 978-7-211-08186-8

定　　价：25.00元

本书如有印装质量问题，影响阅读，请直接向承印厂调换。

版权所有，翻印必究。

总 序

李 红

社会科学承载着“认识世界、传承文明、创新理论、咨政育人、服务社会”的重要功能，是人类赖以传承的精神支柱。近年来，福建省各级各部门认真贯彻《福建省社会科学普及条例》，社会科学普及工作扎实开展、稳步推进，通过举办全省社科普及宣传周、建立社科普及基地、开办社科普及讲坛等社科普及咨询平台载体，其制度化、常态化、大众化工作取得了明显成效。

习近平总书记指出，文化是民族生存和发展的重要力量，中华优秀传统文化已经成为中华民族的基因，植根在中国人内心，潜移默化地影响着中国人的思维方式和行为方式。福建文化是中华文化中极富特色的一部分，深度融入了中国文化的进程，展现出突破陈规、积极进取、兼容并包、锐意创新的胸襟和气魄。向大众传播福建优秀的历史文化知识，是福建省社科普及工作的重要内容。以接福建地气、讲福建故事、塑福建形象、续福建文脉的姿态编辑出版的“福建历史文化名人丛书”，既较为全面地展示了福建文化深厚的历史底蕴和丰富的人文精神，也为福建当下的社会文化建设提供了有益的资鉴。“福建历史文化名人丛书”所包含的朱熹、林则徐、严复、陈嘉庚等人物传记，记录了福建

文化之于中国历史的影响，同时也以人物史的叙述方式生动地展现出中国人文精神的风骨和传统文化的传承。

今天，我们提倡和弘扬社会主义核心价值观，必须从中华优秀传统文化中汲取丰富营养，否则就会缺乏生命力和影响力。“福建历史文化名人丛书”记录了福建历史文化人物的价值观践行轨迹，重温了这批福建历史文化乃至中国历史文化史上重要人物的生命历程，以浅显晓畅、通俗易懂的叙述方式讲述了中华优秀传统文化传承的当代意义，开辟了社会科学知识进入千家万户的新路子。

“最忆市桥灯火静，巷南巷北读书声。”一套好的社会科学普及丛书，总是能带动起读书的风气。将学习作为一种追求、爱好和健康的生活方式，也是“福建历史文化名人丛书”所期望实现的目标。在文字中领略福建地域文化魅力，在阅读中传承传统文化养分，在感悟中提升人文道德情操，社会科学普及丛书的出版，可谓正当其时。

（作者系福建省人民政府原副省长，福建省政协原副主席）

目录

前 言

黄乃裳是中国近代爱国知识分子的典型，是近代中国杰出的爱国华侨领袖、辛亥革命福建光复的主要领导人、近代中国民主革命杰出的政治家、中国近代新闻出版的先驱者。

黄乃裳一生充满传奇色彩。他一生以民族复兴、国家富强、民众幸福为己任，经历了从传播宗教到维新改良，再到组织大批移民在海外垦殖、转向革命的思想发展过程，为救国救民、振兴中华、实现“中国梦”奋斗了一生。他参加过戊戌变法，他在中国历史上第一个率领福建移民到婆罗洲岛拉让江流域的砂拉越诗巫（今马来西亚泗务市）组织开辟“新福州垦场”，被誉为“新福州港主”。辛亥革命中，他是同盟会元老。他在东南亚的新加坡、马来亚、印尼等地华侨社会中享有很高的威望。他至今仍然受到人们的尊敬和怀念。在马来西亚砂拉越诗巫市内有以他的名字命名的街道、学校、公园，矗立着他的铜像。在他的家乡福建省省会福州、闽清县城、坂东镇也有以他的名字命名的街道，建有黄乃裳纪念馆，供奉铜像。

1991年11月，福州召开了“黄乃裳开垦‘新福州’九十周年纪念会暨学术研讨会”。时任中共福州市委书记、市人大主任习近平在会上发表了长篇讲话，他指出：“黄乃裳先生是全体华侨的骄傲，也是整个中华民族的骄傲。”

在中央新影集团下属北京新影世纪影视文化发展有限公司特

别策划制作的一部全面反映南洋华人发展历程的大型高清纪录片《下南洋》中，向海内外观众推介了“中国大陆的哥伦布”黄乃裳。

黄乃裳早年试图以基督文明救中国。

黄乃裳童年时靠半耕半读接受启蒙教育。1866年，他接受洗礼，皈依基督教，属于闽清县第一批基督教徒。在教会里，他接触到西方文明，掌握了英文和文化科学知识，萌发了中国要效仿美国、走“以共和致强与富”道路的思想。

黄乃裳是维新变法运动的积极参与者，企盼以改良主义救中国。

在中日甲午战争黄海海战中，黄乃裳的三弟、北洋海军“致远号”副管带黄乃模壮烈殉国。家仇国恨使黄乃裳悲愤至极，发觉自己这种依靠教会教育开通民智、使中国摆脱贫穷落后的方法是不现实的。于是他一边致力于办报，一边致力于教育。黄乃裳早就认为，中国积贫积弱是由于“民智不开”，救国救民的首要任务是提高国民素质。“办学为治本之图，办报为治标之计。”他把办教育和办报刊看成强国救民的最重要方式，先后和友人倡办了福州福音、培元、英华等学校。1896年，他在福州创办了福建省历史上第一张铅印的报纸《福报》，宣传维新变法，传播先进文化思想。

1897年，他到北京参加会试，次年被任命为拣选知县。此时维新变法运动进入了高潮，黄乃裳满腔热情地参加了变法运动。他曾先后8次上书光绪皇帝，倡言变法维新。

黄乃裳欢欣鼓舞，满以为中国之衰弱状况将从此改变，结果戊戌维新变法只维持了103天就失败了。黄乃裳名列慈禧太后要拘捕的维新分子名单，他带着做了多年的维新梦，仓皇出逃。

戊戌变法的失败，使黄乃裳“三十年来图谋国家富强的热肠渴望，一旦飘荡于罡风”，他明白非革命无以拯救中国。为躲避清廷迫害，寻找一条正确的革命道路，也为觅一地旷人稀之处，为桑梓穷无聊赖的同胞开辟一条生活路径，他决定拓荒海外。次年，他以半百之年毅然携眷前往新加坡。

黄乃裳是华侨史上第一个由华侨领导和集中开垦的“新福州”垦殖活动的组织者和领导者。

他四处到南洋的英国、荷兰各殖民地寻觅垦址。1900年4月，他确定于世界第三大岛婆罗洲（即今天的加里曼丹岛）西北部的一个小国——砂拉越拉让江流域的诗巫开辟一个大规模的农垦地。7月，黄乃裳与砂拉越国王签订了开垦诗巫的17条合约，以“新福州港主”身份承包拉让江流域的垦殖权（孙中山称之为鸦片战争后中外签订的第一个平等条约）。他召集福州府属邑1000余人，先后3次万里投荒到诗巫垦区，开始了华侨史上第一个由华侨领导和集中开垦的“新福州”垦殖活动。黄乃裳因此被誉为“东方摩西”、哥伦布式的人物。

在他因长期劳碌奔波而病倒，垦农劝他写一份遗嘱时，他留下遗书说，自己一生奉行“三不主义”，一不买田，二不存款，三不盖房，遗产全无，写何遗嘱？！要说遗嘱就是垦地，都是大家的。这是何等崇高的精神境界！

在黄乃裳的推动下，“新广东芭垦场”应时而生。当年满目荆榛、蛮烟瘴雨之地，现在变成了砂拉越第二大城市和经济文化中心。砂拉越也成为福州人的第二故乡，在砂拉越仅福州籍华裔即已达20万人之众。

正当新福州垦殖场建设初具规模、各业渐次发展时，黄乃裳却因经济拮据，债台高筑，又不肯在垦场经营贩卖鸦片毒害侨胞，与英殖民主义者发生冲突，于1904年6月悄然离开诗巫，投身中国革命。

黄乃裳是同盟会元老，是辛亥革命的领导人之一。

1900年，黄乃裳在新加坡前后4次拜访了孙中山。深谈之后，孙中山给他一句赠言："凡人欲为社会国家谋幸福喜乐者，须自愿自始至终贯彻悲哀痛苦之责。"黄乃裳豁然开朗，深为孙中山的渊博学问和革命思想所折服，遂和康有为、梁启超分道扬镳，追随孙中山。

黄乃裳当年曾从戊戌变法失败的极端痛苦中悟出了"非革命不足以救亡拯毙"的道理。离开"新福州"垦场，更成了促使他思想完全转向民主革命的催化剂。1904年，黄乃裳取道新加坡回国。到达广东潮州黄冈，积极进行革命活动，为1907年的黄冈起义打下了坚实的基础。1905年，他受邀在厦门主办《福建日日新闻》，在该报发表文章，反对美国排华法案，倡言革命。1906年，黄乃裳到新加坡参加了南洋同盟会组织。回国后，他担任厦门同盟会主盟人，发展革命队伍。10月，黄乃裳受负责总办福建漳厦铁路的好友陈宝琛之托，在南洋福建籍侨商中发动募集修建漳厦铁路股份款百余万元。为在南洋华侨中扩大革命的影响，黄乃裳组织演讲会，有力地冲击了南洋各埠的保皇势力。与此同时，黄乃裳还与陈楚楠、张永福等人讨论改造《中兴日报》，作为南洋各埠宣传革命的喉舌。1907年，黄乃裳在闽清创办了30多所学校，致力于国民普及教育。

1911年，广州爆发黄花岗起义，黄乃裳的多名得意门生参加了起义，有的英勇牺牲。后来他在自己担任教务长的福州英华、福音、培元三所学校秘密组织“炸弹队”，为革命作准备。在辛亥福州起义中，年过花甲的黄乃裳身先士卒，擎着十八星旗，参加于山战斗，与清军作战。福建光复后，黄乃裳担任福建政务院代副院长兼交通司司长、筹饷局总办。

1914年，袁世凯及其鹰犬汪声玲以“违抗大总统命令”为由将黄乃裳拘禁并处以终身监禁。全南洋各埠华侨集会控诉，并派代表回国营救。甚至日本、英、美诸国也有不少人声援，缄电相续不绝，梁启超等名流也出手相救。袁世凯慑于众怒，被迫将其释放。之后，他投入到全国人民的反袁护国运动洪流中去。

黄乃裳晚年在家乡还大规模地绿化造林，兴修水利工程，在70岁以后先后担任过孙中山广州大元帅府高等顾问、福建省长公署高等顾问等职，可谓鞠躬尽瘁，死而后已。

第一章

艰难时世

黄乃裳出生于福州府闽清县六都一个贫苦的农家。他出生时，正值中国面临着深重灾难之际。他立下爱国为民之志，先后走上了教会传教、创办教育、科举之路。

闽清坂东

闽清县在福建省省会福州西北，享有“闽江明珠”的美称，古称梅溪驿，唐时设梅溪场。五代后梁乾化元年（911年），升梅溪场为闽清县，隶属于福州。县境内多为丘陵山地，溪流密布。这里的主要河流是梅溪，以及由梅溪注入闽江下游的一段干流。梅溪上游又由许多支流汇集而成，众水流在闽清县城交汇，再由县城合流于闽江。明曹学佺《西峰字说》云：“县之梅溪与大江汇，江水浊而溪水清，故曰闽清。”又因古时梅溪两岸石壁嶙峋，遍种梅花，县的别称为梅邑，县城则称梅城。宋代理学大师朱熹为避伪学之禁，屡至其地，爱此地山水幽洁，曾书“梅溪”两大字于石壁。

闽清县六都（今坂东镇）位于全县中部，坂东平原是梅溪流域最大的河谷平原，地势甚为平坦，是附近各乡村的中枢，交通极便利。六都人常在口头自豪地挂着这样一句话：“小小闽清县，大大六都洋。”坂东自古以来都是闽中地区的商贸、文化重镇。湖峰村的墟市是福州地区最负盛名的墟市，每年的正月中旬举行，吸引了众多客商前来，逛“十八坂”成为周边县群众，尤其是农村消费者春节期间的传统习俗。每逢墟日，方圆数十里的农、工、商聚集，吆喝声、叫卖声连成一片。经过演变，“十八坂”从1日变为5日，有的商家不愿离开，整个活动持续1个月。

虎丘黄氏宗祠六叶祠早在北宋祥符三年（1010年），由三世孙彦荣率族在闽清七都盖平里凤栖山下兴建，原名“护国积善院”，历元、明、清数朝，兴盛一时，后遭火焚而移建，因敦公生六子，六叶传芳，故俗称“六叶祠”。是海内外虎丘黄氏宗亲敬祖、寻根问祖之圣地。

祠堂占地面积2883平方米，是一幢十堵七厅二弄火墙包的大祠堂。建筑极富地方特色，宏伟轩敞，名闻遐迩，中栋为虎丘入闽始祖黄敦纪念堂，高9.6米，是祠宇中的主要建筑。大厅设神龛，龛上高悬前国民政府主席林森等人题匾。大厅左右筑墙隔堵，各建宽5个开间，共6间祀厅，以示二世祖昆仲六人“六叶同开”，并供奉各支系历代主神牌。

黄乃裳曾为祖祠撰写了三副对联：

颍川奏绩，江夏蜚声，千秋远溯宗风，史乘辉煌留姓氏；

固始随王，梅溪占籍，六叶长绵世泽，衣冠跄跻甲枌榆。

平地起楼台，凌百尺嵯峨，野色苍苍开眼界；

大江邻左右，看千帆上下，水光浩浩豁胸怀。

家传诗礼清风，百里凤栖怀旧宅；

地占溪山盛景，一堂燕翼创新基。

贫寒家世

清道光二十九年六月初六（1849年7月25日），黄乃裳出生于闽清县六都坂东乡湖峰村（今坂东镇湖头村）。

他的父亲黄庆波是个木匠，长年在外打小工，赚点钱养家糊

黄乃裳故居（闽清县社科联供图）

口，农忙时兼做农活。那时家中一贫如洗，只靠些许薄田度日。黄庆波年近三十，才攒了点钱，加上东挪西借，娶来妻子林氏。3个弟弟则以种田为业，终生无法娶妻成亲。林氏是个极善良的农村妇女，勤劳而又贤惠。她用嫩弱的肩膀，硬是撑着这个穷家，上要侍奉公婆，下还要为几个小叔子、子女的生活分忧。她对待自己分外苛刻，长年处于半饥半饱的状态中。但是一切苦难她都能默默承受，从无半句怨言。

黄乃裳有3个弟弟（二弟乃英、三弟乃模、四弟乃穆）和1个妹妹。黄乃裳出生前一年，闽清发生了百年不遇的大水灾，“大水，邑漂没田庐无算”，出生后一年又发生了大灾荒。

黄家小子行第为“乃”，村里的私塾先生以《诗经·小雅·甫田之什》“裳裳者华”中“裳裳者华，芸其黄矣。我觏之子，维其有章矣。维其有章矣，是以有庆矣”一句为其取名乃裳。名寓其意，希望他刻苦攻读，振兴家业，光宗耀祖。

黄乃裳后来喜欢东汉张衡的《思玄赋》中“袭温恭之黻衣兮，被礼义之绣裳”一句，意思是：我身上穿着温良恭俭让的礼服啊，披着绣有五彩花纹的礼义的衣裳，便取黻丞为字，又写作黻臣、绂丞、绂臣，所以时人多尊称他为“绂伯”“黻伯”。他皈依基督教后，又取名九美、玖美，民主革命时因仰慕华盛顿又取字慕华。笔名梅湖半农者、石斋后人。

刚出世的黄乃裳作为第一个男孩，给家庭带来了生机和希望。六七岁时，看着有钱人家设“人家斋”（家塾），请斋教塾，还不解人事的他，天天哭着闹着要进塾读书。可在他那生活艰难的家庭里，连要进“帮斋”（义塾）也拿不出钱来交纳束修。幸好，他的三叔读过几年私塾，只有让他教小乃裳识字。

两年后，他读完《三字经》《百家姓》等书。三叔肚里有限的墨水全倒完了。经母亲提议，全家人咬紧牙关，送他进村里的私塾。黄乃裳天资聪颖，勤奋好学，很快就表现出比别的孩子更优秀的一面。虽说塾师很疼爱他，然而，贫寒的家境无法让他安心读书，12岁时，他只得改为半耕半读。平日里，他要替人家喂养水牛，或到五螺山捡枯枝树叶，帮母亲下地干活，有时还随大人到外地去打工。只有在劳作之余，方能坐下研攻术业，有时也会到附近的鹿坂书院的教室窗下，偷偷听书院先生讲课。几年光景，他读了昔时贤文、“四书”“五经”，对唐宋话本小说也有涉猎。

在他22岁那年，正值中年的母亲因天长日久的折腾，劳累过度，竟至染病不起，离开人世。

树欲静而风不止，子欲养而亲不待。那阵子，每每想起生他养他、深爱着他的母亲，没有享上一天清福，弃下他和弟妹，遽然撒手归天，涓溪未报，反哺不及，他总会痛哭失声。

他感谢母亲，是母亲教他做人的道理。艰难的身世，影响着他的人生，锻造了他吃苦耐劳、坚忍不拔的性格，使他日后走上颠沛流离、爱国为民的道路。

入教和教会生涯的开始

两次鸦片战争之后，西方的传教士蜂拥而至。福建是西方列强侵略、渗透的重灾区，也是开风气之先的地区。

1866年，美国基督教美以美教会传教士薛承恩辗转来到黄乃裳的湖峰老家，设堂传教布道，马上引起了黄乃裳的注意。年轻人的好奇心和求知欲牵引着他和这些传教士接触。基督教劝导的行善与赎罪，正符合黄乃裳修身养性的需要；基督教宣扬的救世，更是与他胸中的大志、高远的抱负产生强烈的共鸣。因此，黄乃裳相信，基督教不但可以完善自我，而且还能推己及人，利国家利社会。

12月16日，黄乃裳和他的族叔由薛承恩洗礼，成了闽清县最早的教徒之一。

1867年，黄乃裳跟随许扬美牧师学习传道。黄乃裳为了传教，常遭人诟骂凌辱，甚至受扑打。但他少年意气，认定的事，不撞南墙不回头。就这样，六都信教的人渐渐多了起来。

接着，他走遍了闽北的山山水水，决心把福音带给更多受苦受难的人们。

1869年，黄乃裳考入美以美会年议会。教会看中他扎实的国学基础，派他到福州东街福音堂传道，此后他正式开始了教会生涯。1870年春，黄乃裳得咯血疾，辞传道职回闽清养病。次年随许扬美布道于古田、尤溪、沙县、顺昌、延平、樟湖坂等地。1872年秋，应美国传教士保灵之聘，任天安堂文案。1873年夏，娶妻谢氏。谢氏系侯官人，卒业于公理会保福山中女学校，是个知识女性。夫妻俩在家中附设初等女塾，集邻里女生而授课，前后共四五年时间。这年秋天，黄乃裳被年议会举为书记，此后负责编辑年会录达5年。1874年，黄乃裳与美国传教士武林吉共同创办《郇山使者》月报，他受教会的委托，负责编辑。他经常介绍西方医药科学知识，进行科学普及工作。1875年1月，同治帝死于天花，惊动全国。黄乃裳立即撰文刊登于月报，说明天花的病因、病理，并指出细菌病毒可以预防，没有什么神秘可怕。他劝人种牛痘，控制天花的流行。在他主编的刊物上发起“天足运动”，还与保灵夫人合著《革除缠足论》5篇，凡万余言，宣传缠足陋习的害处，印发3万多份，分发全省各地，一时轰动社会。他又倡设宗教中保险会，提出章程议案于年议会通过，入会名数限1000名，逾额再行分设。每一人逝世，可收若干保金，纳出则以岁数定多寡。此举寓有无相通之谊，且可重固团体，令彼此息息相关。

担任福州美以美教会的文案时，他深感学习英文的重要性，下决心攻读英文。洋教士成了他的义务英文教师。他还用福州方言俚语翻译了《旧约全书》，让妇孺也能识读；协助薛承恩译《天文图说》《圣经图说》《卫斯理传》；协助武林吉译《丁大理传》。

在教会里，黄乃裳逐渐接触了西方文化科学，开阔了眼界。黄乃裳认为，中国积贫积弱，是因为民智不开，而开通民智可以通过办报或办学。黄乃裳虽然供职于基督教美以美会，但他认定，办教育“为治本之图”，于是“竭力提倡辅助”。教会创办福音、培元、英华三书院及女学，都是他起的校名。1879年，他任教于福音书院，并兼职于美以美会。他知道教会办学是为培养教会人才，但他可借此来实现开通民智的目的。

英华书院是福建师范大学附属中学前身。创办书院时资金欠缺，黄乃裳自告奋勇出面向福州南台的富有教徒募捐。书院开设中文、数学、逻辑学、历史、圣经以及其他辅助课程。为了新办的英华书院学生单习中文还是兼习英文一事，他与洋教士们论争了好几次，终得教会会督同意实行中英双语教学。黄乃裳认为学习英文是社会发展的需要。他说，纵观环球商战，西方各国人才经济弥满。世界之潮流，英文必大行于宇内。

为解决师资困难问题，黄乃裳让二弟乃英辞去马尾船政后学堂月薪30元的工作，来英华书院充任月薪仅6元的英文教员职务。同时，他携三弟乃模就学于英华书院，接受新式教育。

黄乃裳开创近代启蒙教育，开启现代新式教育。它们是福州历史上的第一批新型学校。英华书院推行的中英双语教学在近代福建乃至于全中国都可谓一个创举，对福建封闭落后的教育体制产生了冲击，加速了福建教育走出封建教育的桎梏，推动了福建近代教育的形成。

科举之路

黄乃裳在传教时发现，无论是在省城福州，还是在闽北山区，很多人都瞧不起教会和教徒，原因是教会里缺少文人学士和其他上流社会人才。他因此下苦功研习八股，博取功名，以增强教会的影响。

黄乃裳参加县试时，经正场、拈复、再复、连复几场考试，内容是《四书》文、五言六韵试帖诗、《孝经》论，并默写《圣谕广训》一段和作八股文两篇，解释则依照理学大师朱熹的《四书章句集注》。县试结果公布后，他名居长案前列。府试的题目是“论证”，这也难不倒他，他又获录取。福州府学官造具清册，申送福建提督学政审阅。虽说凭着他多年扎实的国学基础，应付绰绰有余，不过他知道，由学政主持的院试在童试中最为关键。通过了此关，才能获取功名，即博士弟子员（俗称秀才）。1877年，他在院试中获第二名。在这山区乡村，中了秀才已是出人头地，便可大出一番风头。

黄乃裳在传教和办教育的同时，积极研读，希望在科举的道路上中个举人，乃至攀蟾折桂高中进士。1894年，黄乃裳果然考取甲午正科第30名举人。

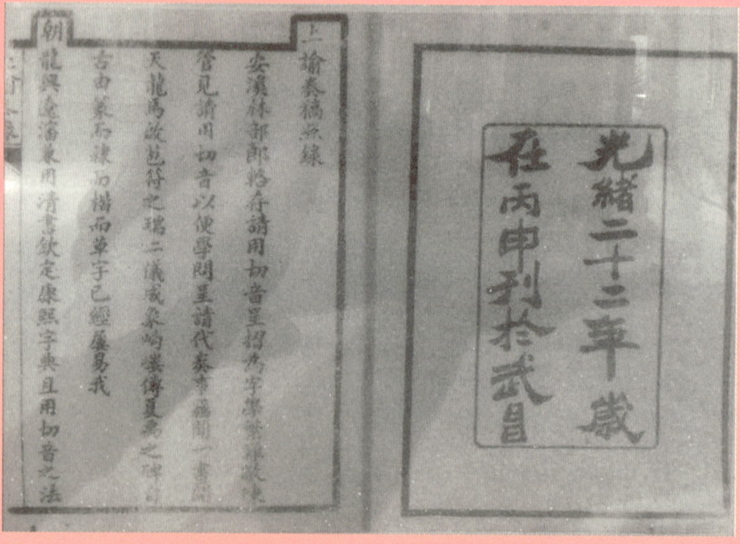
光緒二十三年歲
在丙申刊於武昌
上諭奏稿照錄
安溪林部郎輅存請用切音呈摺為字學[illegible]
管見請用切音以便學問呈請代奏事竊聞一畫開
天龍馬啟苞符之瑞二儀成象岣嶁傳夏禹之碑自
古由篆而隸而楷而草字已經屢易我
朝
龍興遼瀋兼用清書欽定康熙字典且用切音之法

第二章

维新志士

在黄海海战中，三弟黄乃模英勇殉国。黄乃裳在北京参加了“公车上书”活动，开始了他推动维新变法以救国的实践。他创办了全国著名的维新报、福建历史上第一份近代铅印报纸《福报》。戊戌变法期间，他积极参与变法，几次上书。在“戊戌政变”时，他试图营救林旭等维新派人士，后因遭到通缉而回到福州暂避。

公车上书

甲午一役，三弟乃模壮烈殉国，年仅31岁。

乍闻三弟牺牲的噩耗，黄乃裳五脏俱裂。而不断传来的败绩，令黄乃裳悲愤不已。难道有几千年文明的中国就此沦亡于东夷小国？不，中国绝不会亡！他四处活动，探讨时局。

随着军队的惨败，后党的主和呼声又占了上风。日本公然指定要中国派李鸿章赴日谈判。于是，慈禧太后懿旨任李鸿章为头等全权议和大臣，赴日议和。此时，黄乃裳正在进京的途中。他要参加乙未会试，也借此机会处理三弟的一些后事。黄乃模殉国后，遗体遍寻无着。朝廷追封参将正三品衔，赠武威将军，钦赐恤银500两，祭葬银100两，荫一子，世袭云骑尉。黄乃裳想在会试、殿试后把三弟媳和两个侄男接回闽清。

抵京后，他住进福州会馆，并同云集京城的各地举人一起参加了正科考试。

在此期间，黄乃裳结识了本省解元林旭。林旭字暾谷，夙有“神童”之称，其岳祖即是林则徐女婿、洋务派大臣沈葆桢。他这次也是来京应试的。

1895年4月17日，中日正式签订《中日马关条约》十一款正约，日本实现了吞并朝鲜和占领台湾的野心。热血志士血洒疆场，竟换来这样的卖国条文！史无前例的丧权辱国条约，中国何存！?

国运危如悬丝。

都察院双日堂期，各省举人赶赴都察院上书请愿者，不绝于途。黄乃裳、林旭、邱菽园等闽籍举人，会同台湾省籍举人也结队到都察院上书。可书上数日，如石沉大海。

康有为和梁启超师徒俩趁机鼓动，联合18个行省举人同上一书，造成浩大声势。

宣武门外大街达智桥附近的松筠庵的大门口，悬着一巨大条幅，上书："下诏鼓天下之气，迁都定天下之本，练兵强天下之势，变法成天下之治。"

黄乃裳、林旭、邱菽园随各省举人蜂拥到松筠庵。庵中的谏草堂内外，聚有数百举人和大学士文廷式、从朝鲜奉调回国的袁世凯等京宦名流。

梁启超宣读康有为起草的"万言书"：

窃闻与日本议和，有割奉天沿边及台湾一省，补兵饷二万万两及通商苏、杭，听机器、洋货流行内地，免其厘税等款，此外尚有缴械、献俘、迁民之说。阅《上海新报》，天下震动。闻举国廷诤，都人惶骇。又闻台湾臣民不敢奉诏，思戴本朝。

窃以为弃台民之事小，散天下民之事大；割地之事小，亡国之事大；社稷安危，在此一举。

百姓匮乏，国无以为富也……工商不兴，生计困蹙，或散之他国，为人奴隶，或啸聚草泽，蠹害乡邑，虽无外患，内忧已亟。夫国以民为本，不思养之，是自拔其本也。养民之法：一曰务农，二曰劝工，三曰惠商，四曰恤穷。天下百物皆出于农……

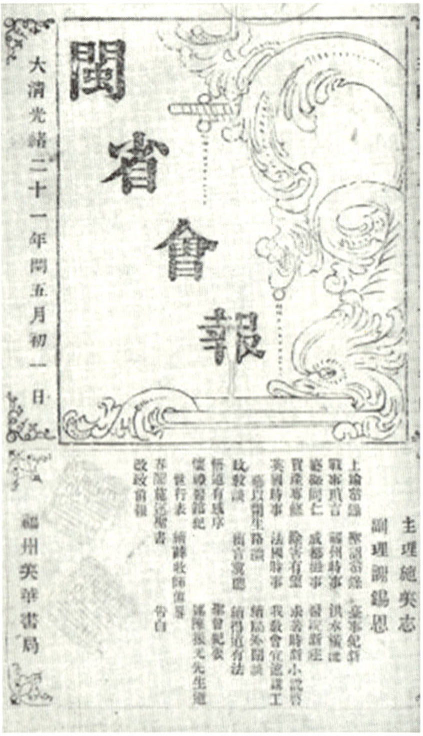

《闽省会报》

梁启超宣读完上书文，谏草堂内外的举人从松筠庵出发，沿街高呼惩办卖国贼、拒约变法口号，散发传单，张贴揭帖。不多时，请愿队伍来到都察院。见院门敞开，堂官早接讯潜避，拒接上书，却传言太后懿旨盖用御宝，发使赍行。

这就是中国近代历史上著名的“公车上书”。它是中国近代知识分子第一次群众性的爱国运动，也是维新变法运动开始的标志。

第二天是会试放榜的日子。黄乃裳和邱菽园去看榜，结果双双落榜。

随后，黄乃裳收拾行囊，到旅顺接弟媳和侄男回闽。6月，黄乃裳在《闽省会报》上发表署名文章《英华格致书院关系国家说》，呼吁重视新式教育，重视格致之学，培养精于西学的人才，发展民族工商业，首次表达了他的维新变法思想。

创办《福报》

早在1890年9月，黄乃裳的原配谢氏因长年患有肺结核病去世了。亲友们都力劝他早日续弦，让幼年失怙的孩子有个依靠。1895年底，闽清县十五都白中乡小业主的女儿钱氏被抬进了黄乃裳的家门。钱氏贤淑慧敏，婚后即卸去盛装，无所矜饰，治家俭约，将谢氏所生子女视同己出。黄乃裳深庆中年之时，得续佳弦。

一过婚期，黄乃裳便四处走访，筹议创办报纸。

当时，《中外纪闻》《强学报》以妄议朝政、处士横议之名，刚遭查禁。时事日艰，而福建风气未开，消息闭塞，难闻维新求变之声。办报则是宣传维新思想的最佳途径。黄乃裳变卖内子的金银首饰，悉数付出作为办报资金，南台郑祖荫、力捷三垫付部分资金相助。

1896年3月16日，福报社正式开张。社址设在美华印书局。报纸约8开大小，印刷单面对折，每周二、五出版。福州城南街、到任桥、南台的茶亭、上杭街诸店铺、仓前山观音井福音书坊等处为售报点。厦门培文书坊及各埠的乾昌信局也代为销售。这是福建近代的第一份报纸。

大清光緒二十二年丙申六月十一日
第二十五
福報
西歷一千八百九十六年七月廿一號
福州美華書局印發
本館徵事啟

《福报》（黄乃裳研究会供图）

《福报》的主要部分是“论说”。在现存的55篇“论说”中，绝大多数是黄乃裳自撰。“论说”包括以下几个方面的内容。

一是反对守旧，积极鼓吹变法革新。“夫今日之所急者何事乎？曰变法也。”认为应该“不泥古法”，向西方学习，才能“将参以泰西而自出新意以驾泰西之上”。《福报》不仅所持的维新变法思想立场鲜明，而且还提出具体的实现措施，目标直指政治制度的变更，主张设立上下议院、实行君主立宪。

二是重视报刊功能，支持广设报馆。认为只有发展报刊出版业，才能使民众识时势广见闻。“报馆益多则闻见益广，闻见益广则变通益速，变通益速则国势益强。”

三是广设学堂，重视人才培养。《福报》对当时的用人机制提出质疑，指出当时的用人之弊在于“取才于资格中，则循资格而至大位，不才者皆重足可至，此中国之所以敝也”。

四是倡议发展工商业，以备财用。《福报》首先对轻视工商业的观念提出批评，重视研究发展工商业的办法。《振兴商务策》一文，提出了7条振兴商务的对策：设专官以理商政；创学校以启商智；定律例以断商狱；谨权量以一商法；造机器以裕商源；给牙贴以劝商人；开山川以通商道。

《福报》开近代福建报纸之先河，后来在上海、台北、台南、新加坡、马来亚槟榔屿等地也设立了售报点。黄乃裳发表了一系列文章，系统阐述了他的变法主张，在国内外产生了一定的影响。

《福报》出版1年多时间，亏损“二千八百余金”，于1897年5月停刊。虽然《福报》发刊时间不长，但其历史进步意义不容忽视。它是维新运动时期维新派的一份重要报纸，也是宣扬维新运动的一面旗帜。

京华维新梦

1898年初，黄乃裳偕已选为拔贡的长子景岱经过长途跋涉，从福州到达北京，住在宣武门大街南头的福建会馆。准备参加会试，想借此造访同志，共商变法大计。

1897年，德国以山东野县教案中两个为非作歹的教士被逐杀为名，派舰强占胶州湾。俄国也把军舰开进旅顺、大连两港。各国报馆议论沸腾，纷纷制造瓜分中国的舆论。康有为上书光绪帝，称如不速行变法，国将不国！皇上与诸臣，或求为长安布衣而不得！光绪帝很受震动。

黄乃裳偕林旭等组织成立闽学会。1898年1月31日，闽学会在福建会馆成立，北京有声望的闽籍官绅都出席了成立大会。

在京期间，黄乃裳"曾八上书，其已批发，仅请行简字一折"，"此外有三折，已批行而未发。""其时日奔走于六君子及讲求新学诸京官之门。谒李文忠（即李鸿章）者六，文座主者六。与王宗师及美国丁韪良、刘海澜二先生相过从，以讨论变法维新事。兴会淋漓，满望中国之衰弱，得贤君以振兴之。"

三弟黄乃模曾经很受李鸿章的器重，黄海海战后，李鸿章奏请朝廷，优加抚恤烈士，长女黄端琼也曾受他之邀赴美游历。王宗师（即詹事府少詹事王锡蕃）向来倾向变革，在福建学政任上，就很赏识黄乃裳的为人和才干。

此时，在青岛的几个德国士兵携带枪械，闯入即墨县文庙，朝孔夫子圣像上撒尿，百般辱骂殴打文庙管理人员，将孔子、子路诸贤塑像尽行打碎。还扬言要踏平文庙，后见围观群众怒目圆睁，揎拳捋袖，方才扬长而去。5月2日，林旭、黄乃裳等人联合在京闽省360多名举人，齐集福建会馆，签名上书，以壮声势：

……方今外警日至，吾上下犹有恃以无恐者，非度支之充裕也，非备御之精坚也，君臣父子之伦，孝悌忠信之义，维系而不可解。爱国尊君，人人可用，所恃者此。然所以致此者，孔子之教也。教者，国所与立。故彼族利人之人民土地，则思以其教易人之教，教存则国存。波兰、印度之终受制于人者，教失也。故保教以保国。若吾圣教，彼夷犹所畏忌，故求逞志于中国，乃思快心于孔子前，此微词诋毁耳。今将见之行事，乃施其端，致其渐，觇我之人心士气，以审教之可亡与否。……应请饬下总理衙门，责问德使，令其惩办赔偿，应人心益奋，士气益振，大教不坠，中国幸甚。

向都察院上书后，却如石沉大海，黄乃裳一直没有听到清廷与德国公使交涉的消息。

6月11日上午，光绪皇帝驾临天安门，颁《明定国是》诏，震动中外的“百日维新”拉开了帷幕。维新志士们欢呼雀跃。黄乃裳更是心潮澎湃。想到希望的曙光已在前头、国家民族振兴有日，他天天奔走于讲求维新的京官和有志改革的士绅中间。

自颁《明定国是》诏后，新政迭行，新诏累下。诏废八股取士之制，议奏京师大学堂开办章程；改兵制，制新器，著新书，创学堂，中西兼学，废缠足恶习，速保举人才，咨送总理衙门会同礼部奏请考试经济特科。王锡蕃具折荐举了黄乃裳等人。黄乃裳得荐参加经济特科，经考核后钦授议叙五品衔、拣选知县。他以为日后将进入官场，实现平生为民谋福利的夙愿，心里自有一番快意。

黄乃裳常想，我国落后于欧美，是因为教育不普及，而教育不能普及，原因之一是汉字太繁难。仓圣创制文字，自有许多优点，但一个缺点是笔画太繁太杂，难学难写，不利于普及教育。他久有意于汉字简化。他的好友力捷三潜研文字，刊印了《闽腔快字》。厦门卢戆章曾去新加坡半工半读，苦心孤诣研究文字改革，出版《闽音字学新书》，创制一套“字话一律”的切音字，大大简化了学习汉字的过程。黄乃裳拟上奏皇帝，调取研究，择优推行，做到写认两易，雅俗兼宜，便于学问，以利普及。9月7日，黄乃裳以泉州安溪籍台湾举人、虞衡司郎中林辂存的名义上《请行切音新字折》于都察院。9日由各堂官会衔代奏，呈皇帝御览：

……盖字者，要重之器也。器，惟求适于用，故书法代有变更，字类代有增广。迨今重译纷至，因知我国之字最为繁难艰深，以故为学綦难，民智无从启发。……倘以卢戆章所创《闽音字学新书》，正以京师官音，颁行海内，将见皇灵所及之地，无论蒙古、西藏、青海、伊犁以及南洋数十岛国，凡华民散居处所，不数年间，书可同文，言可同音，而且妇孺皆能知书，文字因而大启，是即合四海为一心，联万方为一气也。……国之富强，基于格致，而格致之兴，基于男

> 妇老幼学识理。字话一律，可读于口遂达于心。字划简易，易于习认、著笔，能省费十载光阴，转而专攻算学、格致、化学，以及各种实学，何患国不富强。全国语言文字即从一律，文话相通，中国虽大，犹如一家，不至各操土音对而无言。

光绪皇帝朱笔下诏，饬下有关督抚学政，传令军机处将卢戆章等所著字书，咨送来京。

黄乃裳激动不已，他还想上书，献振兴商务之策，论西学务求其实。可他哪知道，顽固派磨刀霍霍，在酝酿一场颠覆新政的宫廷政变。这将危及他的身家性命，他却还沉浸在维新酣梦中。

营救林旭

“百日维新”开始后，慈禧太后身在颐和园，却遥控朝政。在《明定国是》诏颁布后第四天，她就迫使光绪帝下令，斥黜帝傅翁同龢，逐回原籍，交地方严加管束。又令凡授任新职的二品以上大臣，一概要到乐寿堂太后面前谢恩。此举目的在于抓用人大权，使光绪帝无法破格擢用维新人才。她还迫使光绪帝任她的心腹亲信荣禄署理直隶总督，后转为实授，并加文渊阁大学士衔，统率武毅军、董福祥的甘军和袁世凯的新建陆军。同时，她把北京城内外和颐和园的宫廷禁卫控制权全抓到手中。这样，顽固派实际上完成了发动政变的准备工作。

9月21日，慈禧太后命令禁卫亲兵扑向紫禁城，发动政变。光绪帝被罢黜，后软禁于中南海瀛台。

维新夭折，神州大地顿时一片凄风苦雨。黄乃裳被震懵了。景岱和友人劝他立即离京避祸。他则义形于色，不愿抛下同志而不顾，认为应当留下来，同他们患难与共。

他步履匆匆，四处打听消息。康有为出走避祸；康广仁被捕；梁启超走避，下落不明；谭嗣同坐守待捕，决心以身殉国；林旭尚在京城，凶多吉少。

军机四卿中林旭锐气最盛，皇上新政手谕多出于他手，顽固派绝不会轻易放过他。林旭如不快走，必坐以待毙。黄乃裳找美国传教士丁韪良帮忙营救。丁韪良来中国近50年，当过美国驻华大使馆的翻译和同文馆总教习，是时任美国驻华公使的头号智囊，与清廷高层人士多相往来。因为美国传教士蔚利高的关系，黄乃裳曾多次与丁韪良会面。丁韪良要黄乃裳带林旭暂来使馆避难，再与公使商量，设法带其出洋，以图将来。

黄乃裳立即辞谢丁韪良，赶至林旭住所。林旭悲怆地说："事到危急，寄托非人。谭先生不听我言，反被袁贼出卖，终酿成千古遗恨！"

"你还年轻，才23岁啊，来日方长，"黄乃裳急得直搓手，"留得青山在，不怕没柴烧。"

林旭慨然道："先哲庄子曾有教诲，'鱼，我所欲也，熊掌，亦我所欲也，二者不可得兼，舍鱼而取熊掌者也。生，我所欲也，义，亦我所欲也，二者不可得兼，舍生而取义者也。'文丞相的遗言《衣带诏》我更是自小背得滚瓜烂熟，'孔曰成仁，孟曰取义，惟其义尽，所以仁至。读圣贤书，所学何事？而今而后，庶几无愧！'人生自古谁无死？我意已决，不必多劝。”

黄乃裳苦劝，林旭终不为所动，决心以身殉新政。黄乃裳只好频频回首，挥泪而去。时人有感于他临危相救，赋《记黄孝廉乃裳》一诗。诗曰：

戊戌政变事，闻者辄伤叹。
当时六君子，暾谷尤醇至。
有友黄孝廉，使馆译文字。
邀避交民巷，闻语极感喟。
吾为侍从臣，子去吾何避？
吁嗟黄孝廉，闽清儒学派。
履险不忘友，眷眷树风义。
斯世无龙门，任侠亦其类。
我闻观槿言，志之表瓌异。

9月24日，林旭被捕，黄乃裳要去刑部大牢探监，被刑部大臣拒绝，说林旭是朝廷要犯，一律不得探监。

28日，谭嗣同、林旭等六君子就义。

后来，梁启超不忘黄乃裳的情谊，寄赠一诗云：“英雄自古多肝胆，豪杰真堪托死生。”

逋逃

1898年10月7日，福建道监察御史黄桂鋆上《为惩治奸党，宜按情罪轻重，区为数等，一律办理，以申国法，而正人心》奏章，将与戊戌维新有牵连的内外官员分作四等，建议予以严惩。

前驻日本神户领事、福州人郑孝胥卸任回国时，被光绪帝召到乾清宫，询问日本新编陆军训练事宜，得任军机章京。黄桂鋆弹劾郑孝胥，同时也弹劾林辂存等人“请废中国文字”，他居心叵测地说：“此皆以变法为名，阴用汉奸之计，非寻常莠言可比，请核查各衙门代递条陈中，有如此谬说者概行革职。”

黄乃裳是拟稿人，又是维新变法运动的活跃分子，留在北京自然十分危险。在友人的劝说下，9日晨，黄乃裳走上了逋逃之路。在正阳门外火车站买了车票，搭上驶向天津卫的火车，惶惶离开了北京城，也带走了他做了多年的残缺的维新梦。火车进抵天津卫，出火车站后，他们雇车直转塘沽。

当天，慈禧太后下旨，将维新期间上书言变者共200余人，均交究办。黄乃裳名列第11位。

黄乃裳父子乘坐一艘英国太古轮船公司的客轮开往上海。到了烟台，客轮停泊待客。逗留半天后，又搭货轮直驶上海。

船到吴淞口，上海的气氛也十分紧张。他们稍作停留，便回到福州隐居下来。

此次维新失败，黄乃裳虽幸免于难，但令他“三十年来图谋国家富强的热肠渴望，一旦飘荡于罡风”。

译书作序

早在黄乃裳参与“公车上书”回闽后，蔚利高史海钩沉，历数年之功，编著英文版《大美国史略》一书，邀黄乃裳帮忙翻译。这次，蔚利高闻讯来访，请他为该书作序。

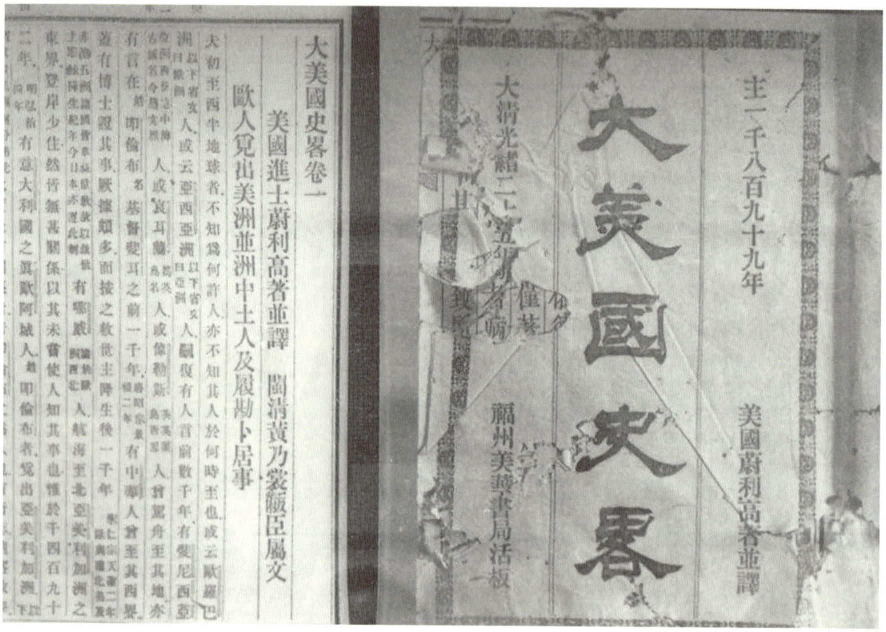

《大美国史略》书影

11月，黄乃裳写好了序，借以抒发戊戌变法失败后的激愤心情及追求民主政体的愿望。

……传子之天下，易而传贤，且君位有四年限制；君王之天下，易而民主，或曰总统，令士庶者有举主举官及议政之权；是推陈出新之一大创局也，是驾欧洲英、俄、德、法、意、奥、西、荷、比、葡、瑞、挪诸国而上之也。……裳观欧洲人才，如四百年前之哥伦布、卡伯特、亚美利哥辈，涉重洋二万里，觅出美洲……

华盛顿发动十三州起而抗英，建立美利坚合众国，实美利坚民族之福祉。华盛顿首创行政、立法、司法三权分立政制，因此国家强盛，富甲天下，令人感佩。中国如能出现华盛顿这样的人物，仁明英武，何愁中国不富？可是，其人安在？

他也盛赞哥伦布既有开辟荒旷之举，又具探险涉难之胆，以几艘小船、数十水手，横渡茫茫大西洋，发现了美洲新大陆。不然，其地恐怕尚处蒙昧时代。

第三章

南洋觅垦址

黄乃裳到南洋，在英国、荷兰殖民地四处寻觅一块地旷人稀之地，设想出面组织大批移民，南下垦荒。其间，他结识了孙中山，大受孙中山的赞赏。

南渡星洲

福建隔海南望东南亚（南洋）新加坡、马来西亚、婆罗洲岛等地，从福州、厦门乘船一周左右即可到达南洋。

北宋著名诗人谢履（今泉州市泉港区人）的《泉南歌》写道：

泉州人稠山谷瘠，虽欲就耕无地辟。

州南有海浩无穷，每岁造舟通异域。

这就是福建人民被迫出洋的真实写照。福建是八山一水一分田，人多地少，土质硗薄，丰年尚难糊口，歉收之年，更是米珠薪桂。不少人只得背井离乡，抛妻弃雏下南洋。

西方列强在强迫清政府开放五口通商后，就通过驻厦门、福州的领事和外商在那里开设“卖人行”，采取诱拐、绑架等手段，疯狂掠夺中国劳力。这些华工绝大多数是被掳掠、贩卖、胁迫、诱拐甚至被绑架到国外去的“契约华工”。

鉴于此，黄乃裳计划到南洋去，觅一块地旷人稀之地，出面组织自发移民，南下垦荒，为闽省穷无聊赖的同胞开辟一条生活路径。事成之后，可迁移数十万乃至百万人到新垦之地，新辟海外闽疆。

1899年仲秋，黄乃裳携家带口南渡新加坡，住在长婿林文庆家中。

林文庆原籍漳州。他是新加坡的第三代华侨、一代名医、社会活动家、文学家、实业家，属于最早一批对中国文化教育事业作出贡献的华侨知识分子。1895年，他被任命为新加坡立法议会第一个华人议员，那年才25岁。他又是腰缠万贯的富翁，开办马来亚首家橡胶种植园，被陈嘉庚称为“马来亚橡胶之父”。他熟谙闽、粤方言，精通英语、马来语、泰米尔语、日语，被誉为“语言天才”。他是一个虔诚的基督教徒，却又大力提倡尊孔。

邱菽园是新加坡第一个举人，也是黄乃裳的同科举人。他是海澄县新垵（今属厦门市海沧区）人。1895年丧父，赴新加坡得遗产百万余元，成为巨富。

黄乃裳与林文庆、邱菽园深入探讨后认为，要先寻觅一块处女地，征得当地政府的同意和支持，再回国招募一两千人参加垦荒，待有了一定基础后，再向全省各府县招募万人之数，扩大垦殖规模。

同年举人力昌南渡经年，他也早有率众垦荒之意，只是缺乏号召力，未曾下决心实施。黄乃裳找到他，两人一拍即合。

黄乃裳本想在新加坡或马来半岛寻找合适的地旷人稀之所。新加坡东、西、北三隅虽有人烟，可还有不少野兽。倒是听说东北一隅，有山名彰仪，茂林修竹，境地幽静。十里之外，林深箐密，山静人稀，必有大片可供开发之地。黄乃裳就与力昌一同前去考察。

新加坡向多虎患，总督重金悬赏捕虎者。彰仪路远山险，往往有虎啸狼嗥。他们选了一个星期天出发，同行的几个洋人各带火枪，防强盗、野兽袭击。到彰仪14英里半，有“国家洋楼”，供游人驻足。然后从右径进入，道路变得很狭窄，他们便弃车而行，过了长桥，有一所捕房，专供捕虎者歇息。他们又听说，星岛之外有浮罗富民岛，老虎更是经常出没。既然如此，这些地方都不宜于聚众开发。

侨报主笔

看来要觅一块理想之地，的确不是一朝一夕可以完成的。黄乃裳要长婿替他联系一份工作，再相机到各处勘察。说来也巧，富商俱乐部“古友轩”的《星报》停刊，林文庆征求他的意见，把《星报》接手过来，让他主理笔政。

黄乃裳认为，闽侨聚居南洋者数逾百万，自己早就想向他们作大声疾呼，灌输国家思想。南来后觉得华侨风气尚极闭塞，报纸规模很小。他审察度势，认为应当采取渐进办法，使侨胞次第觉悟过来。主笔之职，只是暂理。他日觅得垦址，即行辞去此职。

于是，黄乃裳将报纸改名为《日新报》。他稍作改革，新辟专栏，报道最新国际大事，刊发西方报刊新闻、评论的译稿。他则以“梅湖半农者”为笔名，撰写一些文章，发表自己的见解和主张。

黄乃裳到新加坡时，方知闽、粤侨胞由宗派情绪产生的偏见极深，胶执不可化。他们的会馆、祠堂、居家、行店均判然两分。他们同为寄居之民，而相视若陌路，甚至有相残相贼者。于是他发表了自己撰写的《广南洋华人宜大私以自保说》，震动了南洋华侨社会。文中曰：

> 为今之南洋华民计，总以先明人人所各有自保之名理，与合拢众人之智慧权利，以成为地球上最大智慧最大权力之生物为第一义……彼异族之人，必以我自相离异，自相践踏，而生其轻侮凌虐之心，将我华人谋一事、创一业而掣肘者，不止英、法、葡、西诸雄邦也；而巫来由、吉宁、斋知、五印度诸族，亦睨吾之不能联

络一气，互为关顾，相与有成，以为其人于乡井之人尚如此，吾侨奚不可以恣睢相向看？此其害所以未见于今日，则以闽粤人之盛于南洋群岛，不过近三十载，彼族犹未知吾之底蕴耳，而他时则难保不因吾之自相离弃，自相践踏，而逞其悍蛮，则满地荆榛，诚意中事矣……

我们今天回顾近代南洋华人迭遭西方殖民主义者和狭隘民族主义者的欺凌压迫，足以印证黄乃裳的远见卓识。

他认为，中国的强大，应植根于中国人的团结，他呼吁海外华人应在不同方言与籍贯的基础上加强合作，居住在城市内的华人应组织商会，规模小的商会应联合成立规模大的总商会，“联合南洋群岛之华民为一气，使之互相关顾相与有成，必先联闽粤两省散处南洋之商人为一商会，不时聚集，共立规则，共计利害，将彼此之势，分而不合者，急令有以合之；情涣而不聚者，急令有以聚之。而后赀本薄可以集而厚，商路狭可以推而广”。如此一来，何患商业不盛，商务不兴？他主张南洋华侨总商会应设在新加坡，还提出总商会筹办步骤，并设商学堂培养商业人才。

1906年，新加坡终于成立了中华商务总会，南洋各籍侨民坐到一起来，共商振兴商务大计，这与黄乃裳的推动有很大的关系。

黄乃裳在《日新报》上刊登激进的文章，新、马侨民多推奉其为新学泰斗。但是一些守旧的富商稍有微词，有的甚至横加指责。他平生最恨鸦片，但南洋侨众中吸食者甚多，经营者也从中获取暴利。他认为报纸应当在宣传禁烟方面多出点力，可报社里几个同事吸食鸦片，还要刊登出售烟枪的广告，他出面阻止，那些人很不满。不久，他便辞去了《日新报》的主笔职务。

砂拉越觅垦址

除了在新加坡探访垦址外，在办报的5个月间，黄乃裳借出外寻找报纸的客户、联系广告业务之机，先后遍行英国殖民地马来亚、槟榔屿，荷兰殖民地苏门答腊等地，进行勘察。可有些地区水土恶劣，泥质硗薄，根本不适于垦殖；有的地区较为肥沃，却又面积狭小，或多种族杂居，不宜于大规模移民垦殖。

黄乃裳了解到，婆罗洲岛西北部的砂拉越，属英国的保护国，砂拉越（马来语Sarawak），又称砂朥越或砂罗越、沙捞越，简称砂（沙）或砂州，在马来语中的意思是“把王位让给你”，面积十多万平方公里，砂拉越是旧称“渤泥”王国的发源地。加央族人曾占据许多地方，除了拥有婆罗洲领土主权，其后裔建立文莱王国。境内多为丘陵山地，有大片原始森林，气候长年如夏，适宜耕作。或许在那里可觅得一块理想的垦地。

耳听为虚，眼见为实。黄乃裳决定亲往勘察，力昌愿结伴而行。1900年春夏之交，他们前往沙京古晋。

他们先找到林文庆和邱菽园的朋友、砂拉越总侨长王长水。

如王长水所言，砂拉越南、中、北各部均有可供垦殖之地，中部拉让江下游有少数侨胞分散开荒种植。为开发绝大部分尚处于沉睡状态的荒地、发展该国经济、增加财政收入，第二代拉者（即当地的国王）查理士·布洛克制定优惠政策，鼓励华侨投资，大量输进劳工。他先后颁布了一系列土地法令，如新《土地法令》《鼓励种植条例》《伦乐土地法》等，从土地、交通运输、进出口税收、劳工的招募和居住、生活用品、社会安全等方面，并采用港主制，对华侨投资垦殖给予种种优惠条件。要组织大规模垦荒，招募垦农，需要大量资金，其间披荆斩棘，诸多困扰，非有雄厚实力、周密计划和组织能力，实难胜任，百年以来，尚未闻有此举者。

黄乃裳知道这一情况后大喜过望，坚决地说："我们来破天荒！不吃苦中苦，难成就一番事业。每每想起故国穷无聊赖的同胞，厮守破屋薄地度日，困苦哀号，我们义无反顾。"

他们离开古晋，经砂拉越河河口，南行30几公里，来到了著名矿区石隆门。这里本是一个极繁荣的市镇，聚居数千个华工，开采金矿、锑矿，开辟胡椒园。自大规模华工反抗事件后，这里全部废为荒墟，眼前所见，人烟稀少。两人在石隆门转了两天，又到了英吉利里，直抵岛南端的伦乐。经七八天风雨兼程，他们发现这一带交通极为不便，不是山势陡峭，就是沼泽低洼，都不适于大规模垦殖。他们只得顺原路赶回古晋。此行往返200多公里。

王长水提议，既然南行觅地未有结果，可到诗巫看一看。

诗巫（Sibu），原称马林，又译泗务，位于拉让江和伊干江的汇合处。诗巫辖区内有拉让江，也称"鹅江"，全长大约560公里，是全国最大的河流。它发源于婆罗洲中部崇山峻岭间，量大流急，注入南海。往上还有加拿逸、加帛等埠。诗巫属第三省，可谓地旷人稀。当局颁有《拉让移殖区通告》，鼓励种植。此去当有所获。

他们匆匆赶路，昼行夜宿，徒步到拉让江口，见江面宽阔，江水平缓，支流密布，冲积成三角洲。江岸原野广袤，土地肥沃，大树合抱，浓荫如盖。两人雇了一个海达雅克土著，乘舟溯江缓缓前行，一边察看沿江地形地势。船行三四天后，到了诗巫省公署驻地诗巫埠。

诗巫埠虽为省署所在地，也无非是个墟集而已。除政府办公署及数座官舍外，仅有一条亚答街，有华侨商人所筑的二三十间亚答厝，主要是供给土著的日常生活用品。诗巫的土著是海达雅克人，又叫伊班人，俗称拉仔。还有少数马兰诺人、马来人。土著还没有开化，仍用极落后的刀耕火种方式耕种少许稻田，兼以捕猎飞禽走兽，采集野生果子。由于水上交通极为便利，土著都极善操舟。他们砍伐巨木，挖成小舟，用于来往各地和运载货物。

他们先到亚答街。亚答厝是离地面高约丈许的竹木长屋，全长几十丈，住有20余家，家家相连。绕过亚答街，经过又深又阔的林曼岗河，到了墟集。这是一个传统的墟集，地摊上摆满各种土特产，琳琅满目。侨商则以物易物，用中国运来的丝绸、瓷器、刀具，或从别处运来的大米、工艺品交换。稍作讨价还价后，不多久便成交一笔生意。

黄乃裳和力昌离开市区，深入山野荒原。所经之处，地质膏沃，水土嘉善。又无虎豹、豺狼为害，气候也与福州老家盛夏时相差不多，确宜垦耕。

考察过诗巫，他们乘舟沿拉让江而上，来到上游的加拿逸。此处人烟稍多，地处山野与平原之间，开埠已有百余年。

稍作停留之后，他们弃舟继续前行，渐见溪滩险恶，高山连绵，人烟稀少，几十公里之外有英国人聚居的加帛埠。过了加帛，更是森林茂密，难见天日。往前走过几公里，尽是原始森林，崇山峻岭耸立云端。前头是瘴气肆虐之地。

黄乃裳觉得加拿逸和加帛的环境较差，不适于大规模垦殖。诗巫交通方便，河口港深且阔，大帆船随时可驶入停泊。

他和力昌又在诗巫地区流连数日后，决定将诗巫周围沿江一带选作垦场，先行开发。它们主要是两个地方：一处在诗巫埠省署附近，另一处在诗巫南边拉让江边。两处间有一条小路相通。

拉让江风光

垦址初定，黄乃裳对力昌说："先期移民从福州府属十县招募，届时请政府允准定未来的垦场地名为'新福州'，至于垦场嘛，就命名为'新福州垦场'。"他们准备订约之后，就在红水河（马来语叫船溪美拉）边建造亚答厝，供新来垦农居住，命名为新厝安（后改名为新珠山）。力昌以诗巫南面那个地方没有地名，连土人也没为其命名，就命名为黄师来，寓黄乃裳亲躬此地之意，也纪念这次觅地拓荒之事。

"近代中国第一个平等条约"

黄乃裳和力昌从诗巫返航古晋后，当即向王长水谈了踏勘的情形，着手草拟移垦的合约，以便呈送拉者，并同政府谈判。拟好草约之后，王长水求见拉者，请政府派员谈判，并约定双方谈判的时间和地点。没想到拉者竟然答应亲自参与谈判，地点就在王宫。

拉者查理士·布洛克二世原叫端木达。他对华侨素怀好感。早在任省长时，他就公开说：“华人是很优秀的种族。如果没有他们那种蓬勃焕发的表现，东方的国家就显得太可怜了。”他还举新加坡为例，是华侨使新加坡由荒埠变为名扬全球的繁荣海港。他坚信，如果没有华侨，发展砂拉越乃至整个南洋的经济只能是纸上谈兵。为此，他的政府采取一系列措施，发布文告，给垦农组织者各种优惠条件，以刺激和吸引中国人来此垦荒。可是，几十年来，还未曾有人具此胆略和眼力，率众南来垦殖。黄乃裳是第一人。

黄乃裳说：“鄙人意命垦地为‘新福州’，垦场为‘新福州垦场’，因垦农均是来自福州府，故命为此名，使南来的垦农减少抛离乡井的感觉，叫起来也亲切得多。”拉者满口答应黄乃裳的请求，还允诺垦殖一经开始，自当授他为港主。黄乃裳便呈上草拟的包含31项条款的合约。草约上写道：

> ……待吾农与英人一例，所垦之地享有九百九十九年之权利，二十一年升科，每英亩纳税洋银一角。王家如要需吾农已开垦之地，须照时价估买。吾农有往来自由、信仰自由、出版自由、设立公司、商业自由、购买枪械自由、航业自由诸权利。无纳丁税、无服公役、无当兵义务。凡违犯民事在五元以下罚金之件，港主有自治之权。将其地改名“新福州”，由王家通告各国邮政，以便通信……

拉者当场答允以上条款依据该国有关法律和条例处理。几天后，双方开始实质性谈判签约。垦方是未来的“新福州港主”黄乃裳和帮办力昌，仍由王长水陪同。沙方是拉者、熟谙华语的官员乔米尔及诗巫省驻扎官班菲尔德。

拉者认为，政府准在拉让江区域内，新厝安（新珠山）、黄师来或他处，给予垦农耕地，每一成人3英亩，以20年为期，期内免税。期满后每英亩象征性纳税一角。至于他日政府如需征用，自当按时价赔偿。但如垦方荒弃，或有违约之事，政府自有权利收回垦地，因此，享999年权利之说应予取消；信仰、言论、出版自由已成沙国法律条文，也不必重申；垦殖华农并不是沙国公民，自不必纳丁税和服公役、兵役。

双方约定优惠的垦约条款后，唯政府提供的贷款须有人担保，黄乃裳提议由林文庆、邱菽园两人担保。拉者决定派乔米尔他们往新加坡核实担保人身份，等他们回来后举行正式签字仪式。

黄乃裳、力昌和乔米尔一行带了合约的中英文副本，匆匆搭船到新加坡。在乔米尔核实身份后，林文庆、邱菽园先后签字盖章。

在谈话中，林文庆提及革命党首领孙中山正在新加坡。

“戊戌政变”后，孙中山在日本闻讯，派他的日本友人宫崎寅藏到香港，将康有为接至东京，与梁启超相晤。1900年春，林文庆和邱菽园联名邀保皇党领袖康有为来新加坡匿居。邱、林组织了保皇会南洋分会，分任正、副会长。宫崎寅藏以己对康氏有扶危之恩，往南洋劝说，要他同孙中山联合救国。康有为却向殖民警署指控宫崎是刺客，致宫崎一行被警方拘捕下狱。孙中山从越南西贡赶至新加坡，可总督不管孙中山如何解释，坚称新加坡乃法制社会，不容革命党人行暗杀之事。孙中山一筹莫展，后来

中年黄乃裳像

他记起在英国伦敦结识的故交林文庆，便请他斡旋。

黄乃裳早就心慕孙中山，在林文庆引见下，在新加坡河畔一家客栈里拜会了孙中山。

孙中山阅读过《大美国史略》，颇觉获益匪浅。他得知此书为黄乃裳所译，盛赞黄乃裳在序中所言“传贤不传子，总统四年任期之限，行民主，令士庶有主举官及议政之权，是为推陈出新之举措”的观点。

黄乃裳感到两人的距离骤然缩短了。他感叹不已：“华盛顿是尧、舜、禹、汤合为一人，皭然西方之圣者。不知中国何时能出一华盛顿，拯百姓于水火，扶大厦之将倾。”

黄乃裳望着眼前双目炯炯的孙中山，暗自思量着，他满怀悲悯，流露于言谈举止之中。

经林文庆极力奔走斡旋，总督同意释放宫崎等人，但又严令孙中山离开新加坡，5年内不准登岛。告别之时，黄乃裳告诉孙中山，自己不日也将离开新加坡去沙京古晋，与沙王拉者正式签订协议，移民垦殖。孙中山一听，高兴地说：“你要当东方摩西，新福州就是何烈山。”

孙中山仔细看了17条合约，大赞道：“此为自鸦片战争以来中国对外签订的第一份平等条约！”

摩西是《圣经》中犹太人的古代领袖，他带领在埃及为奴的犹太人迁回迦南。何烈山也称西奈山，这是摩西开悟的地方，从此他便负担起带领族人摆脱奴役的伟大使命。

他希望黄乃裳能加入革命派。黄乃裳说：“非革命不足以救亡图存，然如何聚集革命力量？我意在以拓殖之途径来团结民众，积蓄力量，以图将来。”

“对！非革命不足以救亡，而非拓殖不足以聚众，先生图垦务发展，聚众万千，我们是殊途同归。”孙中山肃然为言：“先生有此大志，孙某略以数言相赠。”他随手写了以下数言：

凡人欲为社会国家谋幸福喜乐者，须自愿自始至终，贯彻负悲哀痛苦之责，观路德·马丁与华氏诸人，可为榜样。

黄乃裳大为感动：“间关万里，诸多困难自在意中。先生心志，竟是基督救世之宗旨！”

1900年7月27日，垦殖合约签字仪式在古晋王宫议事厅举行。

Our second home (1905-190)
We lived upstairs, entering by the only door leading upstairs (X) right at the back! Boys' school and dormitory downstairs
3
2
1
X

第四章

招募垦农南下

黄乃裳在福州十邑闽清、古田等地招募劳苦大众，历尽艰辛，带领千余垦农南下婆罗洲岛砂拉越诗巫垦荒。这是华侨史上第一次有组织的海外垦荒活动。因此他被誉为“中国的哥伦布”“东方摩西”。

第一批垦农南下

1900年8月14日，八国联军攻陷北京。黄乃裳搭乘的洋轮刚停靠厦门码头，当天便探得京华失守的消息。

黄乃裳和力昌匆匆赶回福州，在各县招募垦农。他们连续多天奔走，却所获无几。计划招农区域福州府属诸县的风气极闭塞。乡人安土重迁之习牢不可破，更有人造谣捏谤："纱帽底下无穷人。黄乃裳是拣选知县，为何他不吃皇粮、管百姓，偏要去受苦捱劳，莫不是寻机大发洋财，打我们穷百姓的主意？"

怎样才能打动乡人呢？黄乃裳颇费心思。

他先劝服族邻和戚属报名，再由他们帮忙发动，一带十，十带百。之后，他遍访全县各都，进行宣传鼓动，广贴招农广告，申明优惠条件，更欢迎携眷南渡。梅溪两岸，山中田间，茅舍瓦屋，无不留下他的汗水和足迹。靠着他往昔同乡人以诚相待的信用，以及他在教会中的声望和影响力，深入其中，推心置腹，百般劝说，终使乡人心有所动，陆续应召报名。

闽清县招农形势好转后，他又赶赴邻县古田。他知道，这里更不可能轻易招得垦农，须有本地一个有影响的人为倡导。古田教会长老陈长惠素志亦豪，为人慷慨，好作慈善事业。他应允请友人合股设商务公司，派遣既通国语、又懂英文、在英华书院就业的儿子陈观斗随农同行，既管商务，又可让乡众安心前往。陈长惠很快集合几个朋友，成立"福隆商务公司"，以陈观斗为股东代表，另聘公司经理、店伙计若干。古田人如吃了定心丸，便辗转相告，应募者甚众。黄乃裳到侯官、闽县、屏南、尤溪各县扩招，并交代垦农准备简单的生活用具、耕作工具和春种等。

黄乃裳自父母去世后，几个叔叔和祖父母、继母、爱妻、两个弟弟相继弃世，留给他无尽的哀思，他久想将他们的遗骸合葬一处，安然归土，冀保千古，以报答父母的抚养教训、叔父的鞠育深恩，以慰兄弟手足之情、夫妻百年情义。

三弟媳献出朝廷钦赐的葬银，作为安葬的全部费用。很快，村后的洪德洋龟山之后，出现了一座新修的陵墓，背枕五螺山，面对远处的柯峰。两侧以走马、栏杆围出一片十数平方丈的墓埕。墓有三进，通体用三合土打造。墓中嵌一块花岗岩墓碑，是他的好友、原南洋钦差大臣陈宝琛楷书。墓两边是监察御史陈璧和力捷三合作撰书的隶书碑文。酒桌裙上篆书题字“山高水长”。左右雄踞两座三合土打制的狮子。外侧有一对六棱华表，

黄乃裳、黄乃模陵墓

黄乃裳手书《祭文》（黄乃裳研究会供图）

上题“清钦赐银恤银祭葬大东沟殉难世袭罔替臣黄乃模”“光绪庚子年，北洋水师游击黄公乃模附葬衣冠处”。云板外旗杆碣上题有“光绪甲午科举人黄乃裳”“光绪丁酉科拔贡黄景岱”。整座陵墓显得庄严肃穆。

此番出洋，不知何时回来，但树高千丈，叶落终要归根，黄乃裳没有忘记为自己留下一个空穴。他率四弟乃穆、诸子侄和众亲友来到墓地举行安葬仪式。

安葬事毕，他又继续穿梭于各地。先后报名者竟达3000余人，不少人还举家应募，但其中不乏病弱伤残者。他再三裁汰，择得健壮、诚实、良善和知农事者。此次除招农外，也聘中西医师、教师和制铜铁工、竹林工、理发匠同去，为垦农服务。另外，因教会中人南去的不少，还要聘传道随往。共600余人，分期集中于福州美以美会天安堂。

12月23日，帮办力昌代表港主黄乃裳同陈观斗先行，率首批91名垦农由福州马尾乘轮船至厦门港，在厦门滞留数日后，搭乘英商“丰美号”轮船赴新加坡。

船靠约翰斯顿码头，便有预先约定的“悦来栈”栈东接应，到栈中驻歇。王长水已接到黄乃裳的通知，派“瑞安号”司理专程前来迎接。因为要等几天后才有船去古晋。力昌性好游玩，垦众住进客栈后，便不见了他的踪影。不料因此冒出了一场风波。

一天，一些垦农坐等无事，结伴上街游逛，遇上了几个华侨，提醒他们小心被当作“猪仔”给卖了！那些垦农听后，惶惶不安。陆续有人溜走，逃匿于茫茫人海中。登轮往古晋那天，陈观斗提着藤箱来到码头，寻不见力昌，清点垦农人数，只剩下72人。这批垦农是由力昌领队，他又是垦场的帮办，可他还不到码头来，其他人从没到过古晋，什么情况都不清楚，又有垦农逃匿，今后怎么向黄先生交代？“悦来栈”栈东急得直跺脚，陈观斗更是心急如焚。客轮又在连连鸣笛催促，情急之下，只好令垦

“新福州”公司（黄乃裳研究会供图）

农和行李由舢板载往客轮，他们留在码头等候力昌等人。

直等汽笛长鸣，船已开航，力昌和司理两人才乘马车飞奔而来。四人站在码头上，眼睁睁地看着客轮向远方驶去。

船中垦农无人负责，乱糟糟地挤成一块。因为语言不通，验票时与船员发生冲突。找不到船票，带队人又都不见，垦农开始起哄。福隆公司经理记起陈观斗的箱子，打开铜锁一看，几十张船票静悄悄地躺在箱子里，他取出交给验票员，垦农方才无话。

两天后，船抵达古晋。王长水派员到码头迎接照料，将垦农安顿在“瑞安硕莪粉厂”暂住。又与政府联系，派船载垦农前往诗巫新福州垦场。

陈观斗和力昌等三人耽搁了一个星期后，才赶来古晋小住。王长水带来一个来自广东三水县的举人，名叫邓家让（字恭叔），是湖北按察使邓华熙（后任安徽巡抚）的侄子，当时他正游历南洋，风闻黄乃裳申请新土地，带福州人开发诗巫，心甚向往，央王长水向力昌说明，请求同船前往考察。拉者知道后，特派一艘小汽船送他们到诗巫。

1901年2月20日，首批垦农抵达新厝安。按照黄乃裳的原定计划，垦农分成两队，古田籍垦农在黄师来，闽清籍的在新厝安红水河畔安顿。

第二批垦农南下

1901年2月7日，年关将至，黄乃裳亲率535名垦农，集中于马尾港，搭乘英轮“丰远号”起航。船到厦门时，黄乃裳提早和垦农喝春酒，过新年。大年三十，厦门人还沉浸在过年的热闹气氛中，“丰远号”已满载垦农，起航南渡，于3月2日抵达新加坡。

这数百号人和大量随身物件，小小的“悦来栈”实在容纳不了，可又得办转口手续和等开往古晋的船只。黄乃裳联系华民护卫司署，将垦农暂安顿于“毕麒麟”。英国护卫司见人员太多，恐有走失或者扰乱司署者，下令垦农不准自由出入，并派员看守，垦农的情绪骤然紧张起来。

华民护卫司是一个专门负责管理、统治华侨的机构。它对华侨劳工移民的管理，主要是检查船只，核查运载移民进出口、猪仔馆、招工站，控制进入这里的移民。“毕麒麟”就是向南洋各地转口契约劳工的场所。这时，有当地华侨看垦农住进“毕麒麟”，认为他们肯定是被拐卖为“猪仔”，便有好心人设法潜入司署，告诉垦农，他们一定是被拐卖了。

垦农大起骚乱。黄乃裳默默承受着，任由他们责骂。护卫司署人员也闻讯过来。黄乃裳反复解释，见众人尚未释疑，他用乡人习惯的立毒誓来表明心迹。这时，美以美会友赶来劝慰。众垦农听后，方才渐次安定下来。

3月5日，第二批垦农离开新加坡，前住古晋。船中设备十分简陋，500余人拥挤在船上，而且伙食自备，一切都要自己动手，船中疑虑又生。黄乃裳与垦农同吃同住，极力慰解，方才一路无事。3月8日，他们顺利到达古晋，寄宿瑞安硕莪粉厂。厂中库存大量硕莪粉，余渣极臭。加上住人太多，令人欲呕。3月15日，搭坐“阿弟号”客轮前往垦地。此船原限载300人，这次却大大超载，实在拥挤不堪。

3月16日，“阿弟号”驶入拉让江口，沿江而上，船靠黄师来，古田和屏南两县的垦农登岸，与首批到此的古田人会合。闽清、闽县、侯官、永泰诸县人继续乘轮径往诗巫市。傍晚时分，船至诗巫码头。首批垦农知道第二批已来，早已鹄立江边等候。见新客到来，大家倍觉欢喜。

诗巫只有20余间红柴店屋，不足以住宿几百号人。他们便上岸步行至新厝安，住进6座临时搭盖的亚答厝。它们的厝顶盖亚答叶，木材为柱，以树枝代楼板缚以藤条，每座5大间，大门两边排列着长床铺，高3尺，如客栈里的通铺，各可容数十人。有家眷的则另以“加正”叶隔开。

在回国募农前，黄乃裳雇请土著拉仔，在黄师来和新厝安两处砍伐树木，铲除葛藤和荆棘，先行垦出数十英亩。他和陈观斗带一把卷尺，按人各为分划地段，用以先种蔬菜和番薯等。黄乃裳租来一间简陋木屋为住房，设“新福州垦场公司”于此，另筹建红柴新屋，作公司新址用。陈观斗则在诗巫租木屋，作福隆公司店址，并筹备在黄师来自建店屋。刘鼎臣医师自赁店面一间，开设中西药房，加以住眷。

第二批众多垦农的到来，正式宣告大规模垦荒开始。后来，这一天就成为垦场的成立纪念日。

1901年4月，沙王拉者亲临垦场视察，参观了新厝安的亚答厝、黄师来和南村的垦地以及场里的其他设施。

半数垦农如期南来，到此时日不多，垦场已有好的开端。每一成年垦农只划得3英亩地，拉者允诺增加垦田数，规划拉让江

“新福州”垦场（闽清县社科联供图）

两岸，右起船溪美禄到罗马湾，左起亚山港到开汉港止，为福州人垦场。省署拟为架设柴桥，开辟道路，再构筑大桥，以方便往来。

依照垦约，全数垦农当于1902年6月底到齐。拉者批示再贷给1万元。

第三批垦农南下

1901年8月，力昌携带巨款，返闽招农。他竟到香港、台湾等地游玩，花去4000多元，后旅行到厦门时病故。

黄乃裳统计后发现，已经南下的垦农每人平均花去80多元，共计5万元，全数由他预支，垦场经费已很困难，好不容易贷来的巨款，又是有去无回，这不啻于雪上加霜。垦农顿生疑虑，议论纷纷。已患胃病的黄乃裳经此打击，食不甘味，寝不安床，病情日甚一日。

依照合约，招募垦农尚缺额数百，全数垦农到垦场的终止期也只剩半年，况仅如今数百人难以成就事业。为了垦场的生存，并求扩大规模，必当再次回国招农，同时护送力昌的妻儿回老家。

沙国政府财政收入有限，提供4万元贷款已属不易，不可能再为追加。唯有返省自为筹划，并向海内外有资产的亲朋好友伸手求助。黄乃裳交代好垦务，拖着病体，又一次踏上了回国招农的征途。

回到福州，处理了力昌家的善后，他随即步履匆匆，来往于福州府诸属县招农。随后，他走南闯北，穿梭于莆仙、泉州和南平诸地，招募垦农。

此次所招垦农人数颇众，况垦农已不限于福州方言地区，他们之间语言不通，难以管束。黄乃裳吸取上次中途停留、徒生事端的教训，设法包租一艘美国商船，从福州直达古晋。船主漫天要价，他再三讨价还价，船价才减至8500元，再加上其他费用，共需约16000元。他的家里本来就不富裕，对他来说，这是一个天文数字。只有请求亲友故旧帮忙出资。

黄乃裳与陈宝琛私交颇深。陈宝琛派一理事协助募农，赞助资金并自招垦农10人，随黄乃裳南下，以表支持。福州的一些缙绅和林文庆、邱菽园兄弟等均有赞助。

1902年5月24日，黄乃裳率500多名垦农，从马尾港启行。

此次包租专轮，船舱又很宽敞，垦农一路上有说有笑。船经菲律宾群岛，掠婆罗洲岛北端，再折而西南行，直抵古晋，垦农仍寄宿于瑞安硕莪粉厂，王长水帮助安顿垦农，办理手续。当时古晋流行霍乱，有些垦农染上此疫，3天内死去4人，人心惶惶，黄乃裳将垦农与外界生人隔离，安葬了死者后，垦农乘着“甲加轮”赴诗巫。

诗巫福州垦场五十周年纪念

华侨之光

林文庆题

第五章

新福州港主

黄乃裳开辟“新福州”后，保障垦农的人身自由、经济自由和政治民主权利，建立了一个全新的华侨社会，并带动了“新广东芭垦场”的开发。因为资金困难，而且他拒绝在垦场贩卖鸦片，终于被迫离开了他苦心经营的“新福州”垦场。

海外新福州

1902年6月，黄乃裳一面安顿好第三批南来的新客，一面向诗巫省署申请扩大垦区，再由省署呈报拉者。经拉者同意，另外划定一大片丛林地带，供垦农开荒种植。连同原来已分得的垦地，每个垦农平均可分到5英亩荒地。

开垦过程困难重重。拉仔几次阻挠辟垦，殴打垦农，黄乃裳频频拜会酋长，消弭成见。

原始森林中的野猪，常常成群出来糟蹋庄稼。一开始只得靠众人一同挥棒喊叫驱赶。后来，黄乃裳设法购买了几杆猎枪来保护庄稼，但又发生垦农吃了野猪肉救治不及而死亡的事件。

垦农睡的是大通铺，有的几家合用一口大釜煮饭。古木未伐时，瘴气厉行，气候湿热，食物极易变质腐烂，甚至隔顿即会生腐臭异味，不能入口。因河水是黑红色，有的垦农便认为河水作祟，不敢饮用，也不敢用来洗澡。为此，黄乃裳颇费周折，先发动挖井汲水，同时派人装了几瓶河水，带到新加坡星洲医院化验，方知此水只是含碱太多，故呈此色。它非但无害，还具有祛热功效，能治皮肤病，人心这才安定下来。新客来时，每天冲凉三四次，且不可午睡，因午睡容易染上热病，甚至于丧命。有一段时间，马来群岛流行霍乱，仅砂拉越就死去万余人，一时阴惨如人间地狱。“新福州”垦农染疫被夺去14条生命。

垦场已有开垦出来的荒地4000多英亩。乡友初至，粮食为先。蔬菜、甘薯已获好收成，水稻长势良好，瓜豆也已下种，猪牛和鸡鸭等家畜家禽肥壮喜人。收成的农作物除供自家食用外，也可卖给侨商和土人，聊补家用。

邓恭叔到诗巫考察后，很赞赏黄乃裳的眼力和雄心。他决心以黄乃裳和福州人为榜样，开辟“新广东芭垦场”，与拉者签署16条垦约：划诗巫兰南一带为垦区，在两年内先招500名垦农到此垦殖，等等。邓恭叔回国集资组建了“新广东农业公司”。

同安县李曰享牧师在城郊购山地数百亩，安排了100多人开垦，他了解黄乃裳的招垦计划，认为出其万万，特地找上门来，请准其派教会中人随往诗巫，佐黄乃裳治垦，不要工钱。可见处处皆有热心人。

一些垦农迁徙别地，如黄师来一处有垦农散居于上坡、下坡、三河林等地。

1902年7月，诗巫省长向拉者报告：“自福州籍垦农首批到达诗巫后，迄今已有1年6个月，其人数千余名。这些垦农的行为，足以证明他们为政府所满意的移民。华农具有清醒的头脑、勤劳、守法、建家立业的精神，这是我所乐于报告者。”

1903年1月，沙国政府的宣传喉舌《砂拉越宪报》（英文版）载《诗巫新移民》一文介绍新福州垦场，大加赞誉：“在拉让江流域之新福州垦场，继续发展之情形甚佳，其田园皆井井有条，一望而知其出自著名于世之中华华农之手。”这是官方报纸第一次正式登出“新福州”（NEW FOOCHOW）这一新地名。

拉者决意以新福州垦场为蓝本，闯出一条发展砂拉越经济的新路子。

《香港日报》的记者获知垦殖一事，专程采访了黄乃裳，并

作为快讯发表。沙国政府已通告各国邮政局，通信邮递时，信封上仅书“新福州”，邮件即可到福州垦农手中。

黄乃裳看到南洋各埠，凡是华人聚居地，多有地缘、血缘或业缘为主的各种公会组织。他觉得南下乡农越来越多，应设立一个公会，作为乡人休止聚会的所在，经常联络感情，便新建一间木屋，作为福州会馆馆址。

垦农初来乍到时，垦场公司（新福州总公司）租屋办事。乡友南来日众，市区又没有商店，诸多不便。因此新建三间红柴店屋，便于管理垦场，也为大家的生产、日常生活的消费和交易提供便利。黄乃裳特意为此写了3副鹤顶格嵌字联：

新民事业图永逸；
福地人家产有恒。

州里桑麻开禹甸；
总纲财货学周官。

鹤顶格嵌字联俗称冠头联，是把要嵌入的两个字分别放在上、下联第一个字的位置上，就像仙鹤头顶上的一点红，尤其醒目。

公刘曾画生民策；

司稼常担粒米忧。

公司设有总办、总巡、监工和会计等员，由他们对外与省署联系，敦促省署履行合约，解决垦场的税收、农副产品的运输等问题；对内，公司负责处理乡亲们的农业生产、日常生活和公益事业。今后如有新客南来，即可先以此为落脚点，并供应初来时的伙食。还有，土地的分配和使用，也应依约不能抛荒。公司还负责供应生产工具和日常用品，协助向外推销垦场所产的农副产品。依照垦约规定，自该年起每人每年应偿还6元给政府。公司并不以营利为目的，将来每年收取收获物的一成，主要用来作维持垦场的费用。

垦场的新一代诞生后，黄乃裳为黄家球的第一个男孩取名“鼎新”，寓革故鼎新之意。家球再有了孩子，则取名为鼎福、鼎州，合起来就是“新福州”。

随着大批垦农进入诗巫，教会迅速派人前来。他们在诗巫码头附近办了一所英文专修学校，招收垦农子弟入学读书，专攻英文。这是垦场福州人最早就读的学校。黄乃裳见孩子们上学多有不便，该校又只能容纳20多个学生，还有许多学龄儿童未能入学，且中国人专修英文，弃祖国语言文字，实属不妥，他便考虑由垦场自办一所学校。

美国传教士富雅各的到来，为他创办垦场学校提供了帮助。富雅各毕业于美国国立师范大学，在本乡高中任教。他勤于治事，尤热心于传教和办学。新福州垦场开辟后，新加坡美以美会派富雅各到诗巫。1902年初，他只身抵达诗巫，寓于新珠山垦场的一间小亚答厝，主理传教，兼以行医，很得黄乃裳的信赖。

黄乃裳说，发展经济和办学是垦场的两件大事，正如人之左右手，缺一不可。多数移民出身贫苦，目不识丁。开辟垦场，原为图觅一处供数百万人生息的乐土，当今须打下教养的基础。目下垦场已走上正轨，垦农已渐安定，收成也不错。此时即应办学校以启蒙昧，培养下一代人才。没有人才，怎能奢谈发展经济？更谈不上垦场的未来。有鉴于此，他便从总公司里抽出部分资金，作为学校的开办费。

黄乃裳考虑先办男校，再设法办女校，也可男女同校。校址设在新珠山，另建一座亚答厝为校舍，全部实行免费教育。学校的开支，全数由公司承担。1903年英华学堂如期开学。这是垦场办的第一所学校，它共有学生50余人，由富雅各具体负责，兼任英文教师。中文为母语，课程设《三字经》《昔时贤文》《千字文》等，中文教师从福州聘来。垦农整天忙于劳作，无法准时供

英华学堂师生合影

给学生的伙食，因此，由学校统一办理伙食。

黄乃裳早就酝酿成立场议会，专议垦场各项举措的得失利弊，以求更好地兴利除弊，使每个垦农都成为垦场的主人，上下同心协力。垦场也是一个小社会，可以进行民主治场的实验，形成民主治场的风气。由各分场的垦农分组讨论，公推10人为代表，另由黄乃裳指定3个监工、1个传道，成立场议会。场议会成员每月一次聚集于会馆或新福州总公司，对垦场的各项事务进行集中商议，共同决定执行。

在经济方面，刚来时种下的薯蔬瓜果有了好收成，水稻更是喜获丰收。每下1斤种子，一般能收300斤，上等的可收至四五百斤。平均亩产量是国内的三四倍。所产除垦农自己食用、喂养猪牛外，另有部分运至集市上出售。

为了更好地搞好经济，发展经济作物，黄乃裳又伤透脑筋。来此初期，垦农试种椰子、咖啡、梈子、棉蓝等，可觉得获利不大，很快弃种。胡椒、甘蜜为沙国特产，生长期较短，又适于制为成品运载出售。于是，黄乃裳盯住较能获利的胡椒，一举种下近万株。他敏锐地感到，未来橡胶业必有发展前途，橡胶须待多年后才能采割，只能往后推一推。但他还是引进试种了橡胶树。

黄乃裳的惠举，长留侨史。后来，南侨领袖陈嘉庚曾录诗纪念和歌颂他领导开发“新福州”之功：

父老争传港主黄，携民去国渡重洋。
中原当日成危局，南岛因时辟垦场。
衣食住行劳擘画，抚存管教费商量。
歌公功德为公喜，侨史流芳有乃裳。

离开垦场

为了垦场，黄乃裳常是有上顿没下顿，操劳过度。他因此得了胃病，且愈加严重，但他总是强忍着病痛，拖着病体整天跑这跑那。眼看着黄乃裳的病情越来越重，这天又痛得快昏死过去，左邻右舍赶忙请来医师救护。众教友聚集在教堂，为他祈祷，祝愿他早日康复。他作了一副自挽联：

平生所愿事多违，差幸闻道壮年，天若有心，期尽藐躬分内事；

故土久愁人太满，远辟殖民小局，我虽撒手，仍留余地后人来。

凭着坚强的信念和惊人的意志，加上中、西医师的精心治疗，钱氏的悉心照料，黄乃裳终于从死亡线上被拉了回来。

由于两三个月来一直无法正常料理场事，病情稍愈，他即到各垦区巡视。当他查看了公司的账目后，发现亏空甚多，他详加调查研究，才知道情势不妙。

公司是为垦农服务的机构，资金有限，规模也不大。除为生产和交易提供方便外，还向垦农供应米、盐、咸鱼、粗布等食杂用品。垦农第一年的全部食粮是公司代为从新加坡采购，可多数垦农没有现金购买，只好记账赊欠，待农作物收成出售后才一并清还。这样一来，款项有出无进，致公司无本进货，垦场工作人员的工薪也无法按时支付。自垦务开始至此，各项费用共已逾8万元，现在已无力再回国招农。可要维持垦场的存在，如公司维持正常商务活动的资金，垦场的办公费，公司总办、总巡、监工连同粗工、厨工的月薪，垦场学校教学设备的添置和维修，砂拉越政府的轮船公司为垦农运售农副产品所垫付的船费，这些都需要大笔的钱。

为了垦场的正常运转，更好地为垦农服务，垦事伊始，黄乃裳就与垦农订有协议，即待农作物收成后，除自食外，剩余产品如有出售，抽取其中的12%，垦农当时并无异议。头3年因考虑到垦农确有困难，也就决定除改做生意或其他手艺、不事垦殖的按原协议照常抽取外，其余一概暂且免收，俟三五年后大宗出息再为征收。可目前处此困境，只有按原议收取。考虑到垦农的实际困难，改为抽取1/10。按此估算，每年也不过抽取1000余元，只及垦场最低开支的几分之一。

通情达理的垦农很乐意按实际出售数交了什一捐，也有不少人不肯依约如数缴付，更有甚者，在背后狂加指责，说他将抽的钱中饱私囊，供个人享受挥霍。

拉者前后来了两封信，催还贷款。砂拉越一年财政收入仅几十万元，4万元可不是小数目，故当年特意请邱菽园、林文庆为还款的担保人。3年间，垦农因各种病症、发生意外事故以及年老而死者70余人，离开垦场往古晋、新加坡、马来亚大小霹雳等处的有130人，单身汉不惯抛乡井、耐劳苦回国者100余人，这些人的费用已无从讨取，只得由自己垫付。垦场中剩下不足700人，什一捐尚难征收，这时候再催还债款，岂不是会引起轩然大波？！

砂拉越政府每年征收二三十万元的鸦片和赌博税金。根据

《鼓励种植条例》，政府将各港鸦片、酒、赌码、当业交港主管理。政府官员暗示他可从这里想想办法。尤其是售卖鸦片，这是一桩赚大钱的生意。当年合约上规定可以在垦场售卖鸦片，举手之劳，胜过种地抽捐的盈利。条约规定政府不准任何人在垦场内开赌，或与移民赌博，鸦片也不准外人在垦场内售卖，但政府准由移民领袖在垦场内售卖。

抽鸦片和赌博是南洋华侨中的公害。环视南洋各埠，凡中国人聚居地，没有不开设烟馆吸食鸦片的，黄乃裳对此极为痛恨。虽说垦约中有“必要时政府得与鸦片承包人商定，准由移民领袖在垦场内售卖”的规定，但那只是为早日签约而行的权宜之策，他从来也未想到要售卖鸦片给乡农。黄乃裳与众垦农手订的公约，第一条即是禁止吸食鸦片。

刘鼎臣的儿子刘家兄弟随父南下，开设药房，为垦农看病和出售中西药。垦农治病抓药多是赊账，言明收成后再予清还。当时暂将账统记在黄乃裳名下。起初，黄乃裳也不以为意。岂料日积月累，积欠的诊费和药费已在1000元以上。于是刘家兄弟向拉者控告黄乃裳。

乔米尔奉拉者之命，到诗巫来实地了解垦场的发展情况。听到乔米尔的回命和刘家兄弟的控告，拉者方才知道黄乃裳及垦场所存在的实际问题。

政府对垦场的直接干预太少，目前还说不上获利。虽说垦场有了发展，可整个垦场一直由黄乃裳控制着，拉者的心中早已笼罩着阴影。签订垦约时，黄乃裳就不肯答应售卖鸦片和开赌，现在他既无法如期还贷，又严词拒绝开烟馆、赌场，可见他绝不是一个能与自己合作的人。

刘家兄弟状告黄乃裳拖欠药费，正是天赐良机，给拉者一个极好的借口。

拉者提出通牒性条件，半个月内必须明确答复：

一是立即还清拖欠政府的贷款及积欠其他人的债务，即可按原合约继续经营新福州垦场，直至20年期满。

二是如不能迅速清还贷款及债务，请黄港主立即离开砂拉越，并从此时起至离开前不得再向垦农收款。

黄乃裳说："任事之难，往往如是，我不愿以有用之身，株守垦场，与垦农计较锱铢。倒想牺牲一己权利，听任农人自主发展，我则分毫无所染于其间，得以脱然而去。"他环顾场中农众，多已适应这里的环境，能自为谋。虽不敢说垦农教养兼备，但教养基础已略具。将来垦务发达，再加以扩充，可以为南来寻找乐土的同胞谋取教养兼至的生活。他在一副对联中这样写道：

听未着莫嘈，请问前头高见者；

立不住便罢，且留余地后人来。

于是，黄乃裳征得拉者同意，由富雅各总理场政，刘家洙等人也佐富雅各分理各垦场事务。除自己亏蚀4.3万元外，由于没有现金偿还政府的4万元贷款，便将垦农所欠公司4万多元款项抵还。

黄乃裳带着富雅各、刘家洙等人遍巡各分场，看到禾稻、胡椒长势良好，心中稍觉宽慰。诗巫市对面江高洛陶1英亩的橡胶已经采割，黄乃裳对刘家洙说："农人南来只能先解决基本生活，故未及种植橡胶，此橡胶树必成摇钱树，今后要大量种植。

沿江两岸就是理想的橡胶园。”

他随后又将公司业务移交清楚，处理完善后问题，吩咐钱氏悄悄收拾行李，准备携家眷取道新加坡回国。

途中，黄乃裳在纳闽岛逗留考察矿业，几天后，抵达新加坡。邱菽园以《虬髯客传》中隋末唐初的一代武学大宗师虬髯客挟志别离中原，驰骋东南海上，在扶桑立国称王，心每向往其远志。当年自己对黄乃裳南下垦荒之举寄托厚望，不曾料想，今天他会被迫别众返星洲，心中良多感慨，特赋诗以重惜之：

吾生妄挟虬髯志，
今世谁当李药师？
长铗灯青焚义券，
寒窗漏短覆残棋。

南来空目新州辟，
东望偏惊旧岸移。
未必叩关输海客，
成连孤棹更何之？

诗巫开发后，福州人迁移到砂拉越各地去开垦。拉让江下游的泗里街、下游左岸的明那丹，上游的加拿逸、加帛，芦兜河上游的芦兜、乌驿河的乌驿、拉叻，明都鲁、峇南、林梦、老越、成邦江等地都有福州人开办的垦场，不少福州人迁居古晋、峇都、拉让、桑埠、木胶、万年烟，乃至文莱国的马拉奕等地开发和经商。中国抗日战争时期，刘家洙等人在国民政府主席林森的指导和鼓励下，还组织“新福州”的华侨到海南岛定安县、乐会县、儋县购买土地垦殖，种植橡胶，为祖国橡胶业的发展作出了贡献。

后来，在拉让江畔，到处传唱着《思源歌》：

伟哉港主，黄公乃裳；
神所喜悦，众所称扬；
垦荒新导，艰苦亲尝；
利民裕国，百世流芳！
膏腴美地，谁实赐之？
雨旸时若，谁实主之？
生生不息，谁煦育之？
水源木本，重思重思！
……

第六章

反美急先锋

作为美国教会培养成长起来的著名基督教徒的黄乃裳，他在厦门办报期间，却大力鼓吹反对美国排华法案，开展抵制美货爱国运动。《福建日日新闻》在反美运动中的巨大作用也为全国所瞩目。

美国著名作家马克·吐温的短篇小说集有一篇“很中国”的作品：《哥尔斯密的朋友再度出洋》，全篇由一个天真老实的华工艾颂喜的4封家书组成，串联起一个“美国梦”幻灭的全过程。华工艾颂喜正是听信在美国这个“人间天堂”里，“人人平等、不知忧愁”，于是漂洋过海，来美国寻找幸福。但他刚到达港口，就遭到美国白人警察的痛打，随之历经一系列不平等的痛苦折磨，最后甚至被送进监狱。这一切只因为他是个中国人。马克·吐温怀着同情塑造的这一形象，正是那个时代华工在美国的典型遭遇。

华人是在1848—1855年加利福尼亚的“淘金热”中开始大量进入美国的，一直持续到随后的一些大的劳工密集的工程，例如跨大陆铁路的修建。成千上万穷苦的中国人，冒险犯难去做“金山梦”。而实际上华工担负了开矿、垦荒、修筑铁路等最繁重的劳动，促成了美国西部的繁荣。随着美国经济的衰退，针对华人的憎恨被政治化，一些人将美国的不幸归咎于华人劳工。

1882年，美国国会通过了美国史上第一个限禁外来移民的法案——《关于执行有关华人条约诸规定的法律》，即通常所说的1882年美国排华法案。

自1876年起，清廷不断对美国迫害华侨提出抗议。李鸿章批评排华法案是世界上最不公平的法案，但处于列强压迫之下的清廷步步退让。1892年，该法案被盖瑞法案所延续，并且没有终止日期。1904年，美国国会通过将所有排华法案无限期延长的议案，激起中国人民极大愤慨。1905年5月初，上海的媒体开始为抵制法案造势，《时报》大声疾呼，中美工约的签订，事关全国之荣辱，人人有切肤之痛，合当群策群力以谋抵制。这些无疑促进了国内商人集团的觉醒。5月10日上海总商会聚会提议，通过两项议案：

一、阻止政府签订禁工新约；

二、限美国政府在两个月内改良排华法案，公平对待华工，否则即实行抵制报复。

运动由上海福建邦首席商董曾铸领衔，致电外务部，坚决反对签订新约，并电请商部、南北洋大臣。此外又分电汉口、宜昌、镇江、天津、重庆、烟台、南京、九江、芜湖、安庆、池州、广州、福州、厦门、汕头、梧州、长沙、沙市、香港、杭州、苏州21处商埠商会，协力举办。其致外务部电文称："美例虐待华旅，由工及商……峻据画押，以伸国权，而保商利。"

自上海总商会发出抵制号召之后，国内重要的商埠城镇及海外华侨很快便起而响应。商业界为先导，学界为中坚，新闻界为喉舌。7月20日，两个月的期限已满，美国并未修改排华法案。上海总商会再次召开会议，决议采取行动。接着，全国各地大小城镇和海外华侨的商会、学堂、群众团体、新闻界等纷纷行动起来，展开了轰轰烈烈的抵制美货运动。

正在厦门办报的黄乃裳立即投入反美爱国运动中。

1905年初，黄乃裳受聘为厦门同文书院教习。这是美国人创办的书院，目的是借助他的影响力，与英国人办的华英书院、日本人办的东亚书院竞争。黄乃裳却以同文书院等学校为据点，开展民主革命的宣传。革命党人称："厦门革命种子之散播，实由黄乃裳先生主教同文书院始。"

黄乃裳不久辞去同文书院教职，应友人之邀，接手主办厦门的《福建日日新闻》。台湾著名爱国史志专家、诗人连横也加入了报社。黄乃裳加强与上海《时报》的联系，搜集各埠反美运动的消息，披诸报端，利用《福建日日新闻》这块阵地，以文字鼓动八闽社会，起而反美。他还做厦门商会会董的工作，由商会出面开会抵制美国。

5月26日，《福建日日新闻》发表社论《阅筹拒美禁华工公启系之以论》：

> 美国之禁华工也，用强权，藐公理，污人道，破邦交，是我四万万人之大辱也。然而，彼敢悍然而行之，而我竟默然而受之，盖彼合而我离，彼众而我寡，彼强而我弱也。我虽欲拒之而不能……以我中国虽大而势分，人虽多而力散矣。……幸也，此时之中国人颇知权利之竞争!一闻筹拒，应者云从，而闽帮更分电二十一埠，不办美货，不受美人雇工，所有人货不搭美船，今日筹拒美约，莫善于此策者，何也？中国今日之国势，既不能以理争，又不能以力抗，所持者民间之团结力，则以其人之道，还治其人之身。……闽帮之提议对待法，文明之公理也。彼禁我往，我亦可禁彼来；彼为保工计而禁我往，我亦可为保工计而禁彼来；彼恐我夺彼利而禁我往，我亦恐彼夺我之利而禁彼来；彼可不许我之禁彼来，我亦可不许彼之禁我往。是为平等，是为自由！……

激烈的文字既痛斥了美国政府，也鞭挞了清廷的腐败无能，强调筹拒美禁华工苛例，主要在于求公理、为平等、为自由、为“环球各强国不敢凌我，辱我、奴隶我，牛马我……中国四万万人乃得侧立于天壤之间”。

黄乃裳派人到街头巷尾、码头、学校分发并张贴当天报纸。

他还翻印抵制美货传单，广为散发，号召人们起来斗争，对运动的开展起了促进作用。

9月，厦门抵制美货动员大会在武庙召开。泉州、广东潮州商会也派人到席。厦门抵制美货运动全面展开，成为福建抵制美货最坚决的城市。

黄乃裳不但在厦门反美，还联络南洋诸埠。因此厦门反美，对南洋华侨影响极大。新加坡华侨拒绝乘坐美国人经营的电车，荷属东印度、暹罗、马来亚、日本的华侨也纷起效仿。

美国驻厦门领事又羞又怒：资深的基督教徒黄乃裳竟然领头反美！他具呈并由驻福州美国领事转闽浙总督，要求严厉制裁黄乃裳，查禁《福建日日新闻》报。因美国人抗议，总督立即照准，下令兴泉永道饬厦门厅查办。厦门厅堂官是个开明且有爱国心的人，他敬佩黄乃裳的胆识和爱国热忱，有心救顾，斡旋于上峰和美国领事之间，据理力争，为黄乃裳解脱。最终，该报被判罚款和停刊一星期。黄乃裳遂改报名为《福建日报》，一星期后，继续发刊。

《福建日日新闻》在反美运动中的重大作用为全国所瞩目。美国领事发难时，福州、兴化、潮州等地纷纷派人来厦门，磋商应付办法。各地报界十分关注，汉口《楚报》刊登支持黄乃裳的诗文，隐刺清廷：

疾雨渡春江，狂风入秋海，辛苦本为君，可怜君不解。狂歌当哭，浇酒千杯，黄乃裳处此，其亦可以橐笔以休矣。谁叫你掬一腔热血于本国同胞也?

反美爱国运动充分显示了中国人民的伟大力量，美国政府与清廷终于不敢再续签限制华工的不平等条约。

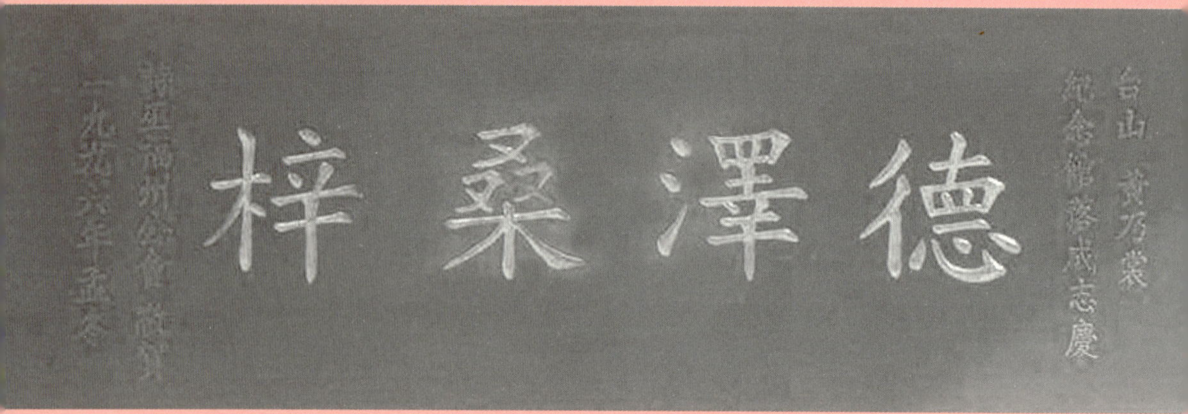
德澤桑梓
台山 黃乃裳
紀念館落成志慶
詩巫福州公會 敬贈
一九九六年孟冬

第七章

南洋论战

在下南洋为漳厦铁路筹款期间，黄乃裳与张继在新加坡、马来亚举办演讲会，与南洋保皇派开展了“南洋论战”，讲解革命大义，扩大革命党在南洋华侨社会中的影响，沉重打击了保皇势力。

下南洋为漳厦铁路筹款

早在光绪初年，陈宝琛有感于福建全省未有寸长铁路，奏请朝廷拨款修建。不久他罢官归里，筹建之议也搁置下来。

1905年8月，黄乃裳主笔的《福建日日新闻》发表了《论闽省绅商宜速定自办铁路权》的社论，强调铁路对于福建的重要性，也提出福建应从速筹办本省铁路。“福建介于数省之间，贯输文明，居内地各省之先，建立事业，则居各省之后，我闽人之不为各省所深耻而辱笑者几何？当断不断，必有后殃，福建其不免为满洲、山东之续。”“而铁道之为福建人之铁道也，难矣。”这篇社论对福建自办铁路的影响很大。

该文发表后不久，福州籍京官、光禄寺卿张亨嘉正式向清廷呈请筹建福建铁路，公举陈宝琛为总理。9月，商部奏准立案。福建自办铁路的计划虽然得到了中央的批准，但要具体落实还需要时间和精力。在这个过程中，海外华侨一如既往地表达了他们的愿望和关注，促成了漳厦铁路最终付诸建设。鉴于福建铁路筹备工作进展缓慢，1906年初，黄乃裳在《福建日报》刊发了《论福建筑路招股宜先破除府界》一文，号召福建人破除狭隘的地域观念，福州人、漳泉人等应团结一致，认股修路，加快铁路建设，且“自办铁路非仅福建之事，实中国公共之事也”。很快，新加坡《叻报》以头版社论形式加以转载。在各方努力下，9月，《商办福建全省铁路有限公司暂定章程》正式公布，标志着漳厦铁路建设进入了实质性阶段。

《商办福建全省铁路有限公司暂定章程》明确提出要招徕外洋华侨资本。“本公司专招华股。凡我华人之侨居外洋各岛者，但查实系华人，即得与股。”实际上，漳厦铁路筹办者一开始就对华侨资本充满期待。当初，推举陈宝琛主办漳厦铁路，也是考虑到他除了有“筹办学务、商务，具见成效”的好名声外，更是因为“凡闽省之经商于东南洋各岛，坐拥厚赀者，均服其为人。若以该绅总理铁路事宜于筹股一事，决无阻碍”。举办方决定先修建漳州至厦门这一段以及把公司总部设在厦门，也是为了招徕侨商资本的方便。“创筑铁路需款浩巨，政府既难设筹，惟有议集商股举办。福建殷实商贾半在南洋，漳泉民人又居多数，厦门界漳泉。设立公司便于招股。”

为了能够多招侨资，在招股策略上，公司总理陈宝琛也可谓深谋远虑。他知道，如无在南洋华侨中有相当影响的人倡导，侨胞是不会轻易把血汗钱拿出来的。在动身之前，他就请黄乃裳先行，希望通过黄乃裳获得更多侨商的支持。

当时正率采矿队到泰宁县龙安杨梅洞开采铁矿的黄乃裳也爽快地接受了陈宝琛的邀请，于10月初动身赴新加坡，在闽籍侨商中做了不少工作。南洋华侨的反应颇为热烈，多愿解囊认购股份。

黄乃裳又见缝插针，寻求机会，积极向侨胞宣传革命主张。

他还赴槟榔屿。槟榔屿简称槟城，又称庇能，因盛产名果槟榔得名，素有“东方花园”美誉。它位于荷属东印度（今印尼一带）、泰国和缅甸中间，扼守马六甲海峡北口，与马来半岛隔一条3公里宽的海峡相望，地理位置十分重要。早被辟为自由港，成为印度——中国航线上的停泊港，后发展成海峡殖民区首府和商业中心。

黄乃裳住在次婿伍连德家中。伍连德祖籍广东台山，曾就读于英国剑桥大学、圣玛丽医学院，后在欧洲几所医学研究所做研究工作。1905年，在林文庆家中，他结识黄淑琼。两人一见钟情，遂订终身，婚后在槟城挂牌行医。伍连德后成为近代中国防疫学的奠基人。

多日来，黄乃裳四处活动，请闽侨认股，并通过伍连德，与数十名粤籍富侨会面，请他们认股，趁机宣传革命，忙得不可开交。

南洋论战

与此同时，南洋革命党人陈楚楠、张永福、林义顺为革命宣传而殚精竭虑，却屡屡受阻。

1904年春，张永福和陈楚楠出版《图南日报》，社址在福建街。该报是南洋华侨中最早宣传反清革命的报纸。但当时的南洋社会，革命风气未开，《图南日报》的出版并不顺利。报纸问世不久，其鼓吹革命、谩辱朝廷的立场即遭到守旧派、保皇派、清廷领事官员的群起反对和诟骂，被指为“无父无君、谋反大逆”。新加坡的英国殖民当局也以滋生事端、影响对清外交为由，多次警告《图南日报》。起初，反对之声主要来自社会，还能勉强应付，但到后来，竟发展到“亲戚见垢，朋友绝交”，张永福和陈楚楠因此陷入孤立境地。黄乃裳离开“新福州”到新加坡时，曾经帮助报社精心设计月份牌，既作年历又当年画，赠送给读者，或托书店代售，革命思想潜移默化，深入千家万户。《图南日报》销量大增，引起了在檀香山的孙中山的注意，他特地寄款购买月份牌。月份牌成了孙中山与南洋革命志士首次联系的媒介。

1905年冬，《图南日报》亏蚀累累，经济拮据，为旁人接手，改为《南洋总汇报》，沦为保皇派报纸，保皇言论甚嚣尘上，对革命运动极尽诋毁之能事。

南洋革命党人不忍革命党喉舌为之中断，遂拟在吉宁街择址，新办《中兴日报》，继续鼓吹革命。黄乃裳参与新报的创办，提出自己的看法。他们委托黄乃裳日后在闽籍学人中代为物色主笔。

黄乃裳知道，康、梁已落到“不忧外国之并吞，而深惧革命之内乱”的地步，竟叫嚣“与革命死战，乃是第一义，有彼是无我，有我则无彼”，倾尽全力对付革命党。保皇派已成民主革命的绊脚石，应该迎头痛击。

他认为，南洋保皇派势力根深蒂固，革命党人应当运动各处倾向革命的报纸，曝其罪，揭其奸，锄其堡垒，趁此奋力攻击，使其拖枪遁逃。近日来他用冷箭，入其窟穴而犁扫之，还颇有成效。

其间，同盟会机关报《民报》主编兼发行人张继将报馆事托付汪精卫办理，主编一职由刚出狱东渡的章太炎署理。他趁此周游诸国，一来多多联络同志，二来开开眼界。他来到了新加坡。

张继和黄乃裳早就相互久闻大名，只是未曾谋面。两人相见恨晚，促膝长谈。

在当时，有的华侨富翁只顾身家名誉，全然不知国家民族利益，谈革命而色变，视共和如洪水。黄乃裳讲了两件事。一是孙中山到怡保宣传发动革命时，保皇派百般阻挠，甚至以暴力相威胁，孙中山只得怏怏而去，暂时放弃在怡保建立同盟会分会的计划。另一件是有个大资本家，先是支持革命的，发财后摇身变成保皇派中人。他对以前的同志说：“现在我的身家重了，再不会跟你们瞎起哄了。”请他捐款，他一毛不拔，说：“等到你们有成功的把握时，再来找我帮助好了。”

张继已知道黄乃裳槟榔屿之行的成绩，听他讲了南洋保皇派的活动，深有感触地说：“康有为死心塌地要保大清，大唱《保皇歌》，说什么‘与其克昌克盛，与其幸福尊荣，永世造我君皇’。”说完，又骂起梁启超来：“梁氏竟借孙总理之名，诱骗兴中会会员加入保皇会，又到处招摇撞骗，获取大批经费，实厚颜无耻之辈。”实际上，梁启超也曾想同革命党合作，发动康门十三太保，亲拟《上南海先生书》，劝康有为归隐林泉。可他来槟城见康有为时，在其师一发雷霆之怒下，他终不敢背“叛师离道”罪名，便又死心跟在康有为之后，同革命党作对。

张继十分愤慨地说：“他们蒙骗南洋侨胞，如不加以揭露，为害不浅啊！”

对顽固派应予当头棒喝！黄乃裳很是赞同：“应当入其虎穴，就地向保皇派宣战，譬如举办演讲会，由你主持并讲解革命大义，扩大革命党的影响。我做你的助手。”

南洋侨胞十之七八为闽、粤两省籍，他们大多只讲方言，而张继只会讲官话。黄乃裳自告奋勇担任闽南语翻译，还邀请邱菽园出面担任粤语翻译。

庚子那年（1900年），自立军准备在长江流域兴师勤王，邱菽园捐饷20万元，可康有为竟扣压捐款，自立军因此屡次改期而失败。事后，自立会成员到南洋向康有为清算，邱菽园才知康有为骗取巨款卖友实情，大为震怒，发表《论康有为》的文章，揭露康氏借维新救国之名，到处骗人钱财之事，宣告从此与他绝交。邱菽园经此打击，加上他经营土地亏损，心灰意冷，不再涉足政治，而是寄情声色，诗酒自娱。邱菽园原是南洋英属各邦保皇会分会会长，如能请得动他亲自参加革命演讲会，也就是对南洋保皇党人的一个沉重打击。

听众由陈楚楠和张永福组织，经与星洲书报社的泉籍郑聘廷牧师联系，演讲会在新加坡大教堂举行，主题是“政治种族都宜革命”。

演讲会上，张继大讲明末清初扬州十日、嘉定三屠，千万汉族同胞同归枉死之城，惨做断头之魂。清廷对内严苛，对外软弱，大兴文字狱。康、梁之流名为保光绪，实为保清廷反动统治。必要进行政治和种族革命，推翻清政府，从驱除少数满洲人专制那一面说，是种族革命；从颠覆君主专制政体一面说，又是政治革命，两者同时完成。而欲革命，必须效普鲁士“铁血宰相”俾斯麦，持黑铁赤血以争存世。

俾斯麦是普鲁士王国首相和德意志帝国宰相。他在普鲁士王国首相任内，推行铁血政策，实行强权统治，发动丹麦战争、普奥战争、普法战争，完成了德意志的统一。

黄乃裳用通俗流畅的闽南语翻译，并加以发挥，邱菽园也用粤语译述。他们的话音数十次被听众的掌声打断。

演讲会结束后，听众似尚未过瘾，久久不肯散去，可谓盛况空前。为满足更多人的需要，黄乃裳提议当晚重开一场。会场依然热烈。

清南洋总领事探得开演讲会的消息，在领事馆里筹谋对策，可阻挠不成。上午那场已派人入场监视，傍晚还派出数人，恫吓进场的听众，并混入会场，伺机制造混乱，破坏演讲会。幸被警厅侦知，派得力警员加强巡逻。那些捣乱分子见无机可乘，只好悻悻而回。

旬日之后，这一班人马到了

槟城，在极乐寺、蛇庙（清水庙）等处设会场，连作十余天的演讲，闽、粤侨众欢集倾听，场场爆满。

爪哇监学

刚送走张继，就有荷属东印度爪哇岛三宝垄的华侨代表前来，力邀黄乃裳去三宝垄，任该地华侨新办的华文学堂的监学。

黄乃裳坚辞不得，继而想想，何不趁此到那里作一些宣传，联系一些侨胞？便提出只挂职两个月，待学堂走上正轨，即行辞职。经该代表报请校董同意，他即搭轮离开新加坡，横渡爪哇海，至巴达维亚登岸，稍作逗留，又转赴三宝垄。

三宝垄的名字起源于三宝（保）太监郑和，又译作山保垄，华侨称垄川。它位于爪哇岛，是印尼仅次于泗水、巴达维亚的第三大港。是中爪哇的首府和最重要港口，也是巴达维亚与泗水的贸易联络中心，商业繁盛，华侨聚居甚众。华文学堂设在中华会馆内，首批招得生童120余人，黄乃裳就住在会馆内。

监学之余，他奔走于巴达维亚、井里汶、泗水等地，频频会晤侨胞，讲解民族复兴大义。他知道，要宣传民族主义、推翻清廷专制，还得下大功夫。自己同三宝垄诸学董晤谈，他们对于民族主义还很茫然，更不必说革命了，自己屡屡喻以南明隆武、永历抗清，以及经清初三藩之乱，三四十年的扰乱诛锄，并康熙、雍正、乾隆行海禁，糟蹋其祖宗亲属，目的在于让他们生怀恨之心，后则渐进以民族主义、复仇革命主张。他在写给张永福的信中说：

为祖国建立事业而徒于百万醉梦之中，作大声疾呼，靠将来或可以成大志也。裳谓：既有百万醉梦之人，在吾人前后左右，疾声大呼之功正大不容稍已，还期以百万之中，渐有苏醒者而又转相疾呼，它日或可全体醒来，倘无一二声呼之人，则并此百万同胞终于觉迷不悟矣。……

有侨友请他为新建的中华商会馆撰写大门联，他撰一联：

此岛本明代藩属，迨东辽衅起，南服贡荒，遂致辗转于葡荷，叹上国威灵，三百年来全扫地；

吾人原神州贵胄，经隆永满锄，康乾海禁，试为追维乃祖考，痛山河膻秽，十千里外合图仇。

大门联署名“石斋后人”，石斋即南明抗清复明的志士黄道周。

新加坡的报纸采登题联后，香港和广州的一些报纸陆续转登，并附有小段译语：“此联能揭示明季以来，闽、粤与东南洋数百年关系之历史，括诸数十字间，非洞悉中外史实，留心于国家与种族者不辨。”

清南洋总领事对黄乃裳在新、马两地的演讲了如指掌，加上题联风波，他十分恼怒。虽说这里是英、荷属地，可他准备向新任闽浙总督兼署理船政大臣松寿汇报，查办黄乃裳在海外倡言革命造反大罪。一旦黄乃裳回国，便予以逮捕法办。陈宝琛知道后，当面责问总领事何必如此爱生事端。

陈宝琛也托友人劝说黄乃裳不要自找祸患，黄乃裳却说：

“陈君以为翰林、为主考、为学政、为御史、为南洋大臣、为内阁学士，累世簪缨，他自忠于满清。我空空洞洞一举人耳。远而观东西各国，近而默察我中华，当此世界潮流所趋，腐败污浊如满州，万不可立于汉族之上，以压制我族振兴之机，故投身于民党，期以拔我族脱夷虏之羁轭也。”

1906年底，黄乃裳因年关将至，告别陈宝琛归厦门，挈眷回省。

第八章

黄冈起义

黄冈起义是同盟会成立后发动的首次起义，也是辛亥革命的前奏和预演。黄乃裳为起义作出了重要贡献。张永福说："革命宗旨全潮（州）几为布满，黄冈起义君为之先河，启导之功至大至宏信不可没也。"

潮安会议

1904年，黄乃裳离开“新福州”回国。在新加坡逗留的一个多月中，他接触了不少革命志士，即与许雪秋、陈宏生、萧竹漪等革命党人动议在粤东举行武装起义。

许雪秋（许雪湫），广东潮安县宏安乡人，为华侨富商，有“小孟尝”之称，与会党广有联系。他“以黄（乃裳）年高志壮，异常倾倒，遂结交焉”。富豪之后、潮安人陈宏生通过许雪秋结识黄乃裳，他十分敬慕黄乃裳的道德文章，因而执弟子礼相待。

从新加坡回闽后，黄乃裳赴上海会晤志同道合的故旧好友，并了解国内革命大势。他在上海期间，“嗣谒蔡元培、谢由己、陈其美、马相伯、林森、汤尔和、蔡怡宜诸君，及苏、沪、申、神州、民吁各报主笔，与湘、皖、鄂名流数十辈，讨论民党宜如何著手”。10月下旬，黄乃裳到潮州，许雪秋即召集粤东各地同志，筹备召开秘密会议。29日晚，许雪秋以宴客为名，在潮安县宏安乡故宅“寄云深处”立坛开会。与会者一同宣誓矢志推翻清廷，接下来讨论有关事宜。

黄乃裳分析，三合会与革命党有合作的基础。大家反复磋商后，议定：拟设布局，对外公开为侨资设办，实则暗收同志；借集资投股之名筹措军饷，密购军械，尽快选定重点活动地区和起义地点。

闽、粤沿海的帮会称三合会，海外的则称为洪门，设有致公堂、安良堂等堂口。它原为反清复明秘密组织，尊奉武宗国姓爷郑成功，文宗史可法。最初吸收会员对象以上九流为标准，后来，只要愿意反清的人，都可以被吸收入会。

根据分工，黄乃裳主要负责宣传与联络革命志士，并协同选定起事地点。他将一部分《图存篇》发给与会者，由他们转送潮汕革命党人，自己则以办学名义，遍走潮州、汕头各处，分发给学界、报界中人。随后，黄乃裳马不停蹄，偕许雪秋、陈宏生等人赴粤、闽交界的澄海、南澳、饶平、大埔诸地详为考察。

他们初步确定潮州府饶平县的大镇黄冈为起义之地。黄冈商务繁盛，民风强悍，是三合会的重要集聚地。余既成、陈涌波为首的三合会人员数百，倘运动得好，以此为起义主力，足与清军周旋乃至击败之。年初，潮州发生民众反抗屠捐的斗争，就是会党在背后撑腰，才迫使官府不得不让步。从地理地势看，黄冈地处粤之东陲，为闽粤往来孔道，过分水关则为闽省，素有“闽粤咽喉，粤东门户”之誉。先攻下黄冈，震动一方，再聚众乘胜攻击潮州、汕头，然后会集各处义军，合攻广州。况且黄冈地势险要，或亦可坚守。退路有三，或可退往闽南诏安、云霄，向那里的会众靠拢；或沿黄冈河向北撤至大埔、嘉应州，转至闽西隐蔽，伺机再起，再设法出洋；或从汫州港下船，撤往厦门。

黄乃裳随后辞别许雪秋、陈宏生，带着陈涌波的介绍信，前往闽南漳州府诸县，继续做三合会的工作。

黄乃裳的革命宣传组织发动工作为后来的黄冈起义奠定了坚实的基础。黄乃裳在潮州活动后，回到福建养病。

加入南洋同盟会

1906年6月，黄乃裳应约南渡新加坡，在晚晴园加入中国同盟会新加坡分会。

黄乃裳设计的月份牌一经遍送，传入檀香山，引起孙中山的注意，他惊叹“吾道不孤”，汇款订购月份牌，作为纪念品，还致信殷殷勉励，这是南洋革命者与孙中山建立关系的开始。孙中山还致信陈楚楠，请他提供黄乃裳的地址：

> ……弟今不停西贡，直往日本先查探东方时局，以定方针，再来南地，以招同志，合成大团，以图早日发动。今时机已熟，若不再发，时不待我，则千古一时之会，恐不再来也。日前所言林氏（文庆）之亲戚，祈将其姓名住址详开寄我，以得有便或请他来，或今后派人往见他以联合闽广，而共谋大事……

年初，孙中山再次来新加坡，寓于晚晴园，在此成立同盟会分会，陈楚楠和张永福为正、副会长，晚晴园成了南洋革命党活动机关。

不日，孙中山自日本来，故友重逢，别有一番情意。

孙中山曾向南洋同志说过，同盟会的组织，是希望发展得很大很大的，我们的责任重大，当然免不了牺牲，设使牺牲到只剩两人，也算是同盟会存在的一日。

随后陈宏生、许雪秋也由香港来会。孙中山决定立即举行入盟仪式。晚晴园主楼二层，黄乃裳、陈楚楠、张永福、林义顺、许雪秋、陈宏生等新入盟诸人接过书笺和誓稿。黄乃裳等人在志愿书上签押，然后亲笔缮抄盟书：

> 联盟人，福建省福州府闽清县黄乃裳当天发誓：同心协力，驱除鞑虏，恢复中华，创立民国，平均地权。矢信矢忠，有始有卒，如或渝此，任众处罚。
>
> 天运丙午年　月　日
>
> 中国同盟会会员　黄乃裳押

写毕，孙中山领诸人起立，左手持盟书，右手握拳高举，向天宣誓。接着，孙中山向他们教授手号和联络暗语。然后，与各人一一行握手礼，并欣然道贺："自今日起君等已非清朝人了！"

接连数天，他们齐聚晚晴园，深入讨论，制订粤省起义计划。

同盟会总部拟于云南河口一带起义。但一地行动，孤军奋战，起义队伍终究有限；而敌可调兵遣将，援军源源不断，进行围剿。如此，革命军诚难取胜，一时得手后也难以立足，因此必须争取闽、粤两省同志同时行动，遥相呼应，令敌顾此失彼，则革命军便更有成功的把握。

许雪秋谈了他们的活动情况，尤其是黄乃裳在潮、汕和漳、厦地区的工作。

陈楚楠弄来一幅各行省图。黄乃裳则另画一张以黄冈为中心，包括广州、潮州、汕头和闽南云霄、诏安、厦门的略图，说明：黄冈地处闽、粤交界，为两者交通孔道，地势险要。只要乘敌不备，攻占黄冈城，则可乘势攻取潮、汕，尔后直逼省垣广州。战可守，退有路。闽南同时响应，阻闽省清军夹击，如滇、桂能够策应，可联成一气。

孙中山指示许雪秋、陈宏生立即回粤，全力组织发动，并同香港总机关具体联系接应。他将电嘱东京同盟会总部，请派有军事经验的同志协助。

孙中山对黄乃裳说："你回福建后，以正当职业为掩护，主要承担联络同志相机举事策应。再者，福州近已成立同盟会支会，但与我没有直接联系，今后请你及时通报支会的情况。厦门发展组织一事，委托你负责进行。"

黄乃裳想起福建方面的策应，缺乏枪械，请南洋同志设法。许雪秋表示枪械不足忧，由他就近设法，从粤东供应运闽。

林风文著《南洋华侨与黄冈革命战役》一文写道：

> 至丙午（1906年），黄（乃裳）许（雪湫）偕陈芸（宏）生、萧竹漪南渡星洲，面谒孙中山先生于晚

晴园，申诉闽潮两地，布置情形，运动成绩，并同时加入中国同盟会，连同一气，蒙中山先生面授方略，即委许雪湫为中华革命军东军都督，颁赐鹰球图章，用为他日举事钤记。再过旬日，许雪湫、黄乃裳、陈芸生、萧竹漪诸人，重返潮汕，分途入内地行事，临行由林受之将中山先生在晚晴园与同志倡议创制之青天白日满地红国徽式样，交许带去，嘱其如式制办，以备将来起义之用。

黄乃裳回厦门后，任同盟会厦门主盟人，发展福州郑权、厦门许春草等反清志士加入同盟会。自此，以黄乃裳居中，福建、广东以及南洋革命党人建立了密切联系。

黄冈起义

孙中山随后委任许雪秋为东军都督，由陈宏生、陈涌波、余既成等人协助，主持岭东一带军务，指挥黄冈起义的行动。冯自由、胡汉民在香港统筹，陈楚楠等在新加坡设法接济军饷。冬末，革命党人在湘赣交界的萍乡、醴陵、浏阳起义，许雪秋预谋响应，因人才缺乏，特电东京同盟会总部，请孙中山速派人协助。孙中山派留日学生李某和一日本友人来潮州，并拨款为饷。到新加坡时，他又选派得力同志到广东惠州东江一带，准备配合黄冈方面一并起事。

许雪秋认为同志毕集，革命时机已至，便召集各路同志，召开军事会议，决定趁清军过新年疏于防务之机，分头大举。由黄冈、浮山墟义军主攻潮州城，城内十八馆党人为内应。攻取潮州后以其为根据地，促使黄冈、惠来、丰顺克日发动。会议还对各路指挥员做了具体安排。许雪秋为总指挥，李某指挥浮山墟义军，陈涌波、余既成领黄冈城义军，陈宏生运动揭阳炮台清军反正。并派人埋伏于潮汕车站、蔡家祠、敌山台，另外策动闽南诏安、云霄、漳浦等县三合会参加。虽黄乃裳尚未回国，但他与三合会早有联络，关系一直很密切，促其配合应不成问题。

起义定于1907年2月19日分头大举。可到了举事时，天不作美，风雨大作。按照预定计划，几路人马到黄冈河边浮山墟集合，计有1000余人。因不见许雪秋和其他指挥人员，群龙无首，队伍时聚时散，大部分撤回原地。见浮山墟方面并无消息，黄冈一部也无法集合。许雪秋随后才赶到，考虑到时机已过，只好令各部暂时分散，候命进取。革命党在黄冈起义的计划流产。不料，义军行动已经暴露，大批官兵四处出动，搜捕革命党人，直闹得风声鹤唳，草木皆兵。

许雪秋大为沮丧，他把善后工作交由陈宏生处理，自己带了几个同志赴香港，向同盟会分部冯自由汇报，并请发电向孙中山请示。孙中山由河内电示："此后起事时须与惠州及钦、廉义师，约定同举，以便牵制清军，令雪秋万勿孟浪行事，致伤元气。"许雪秋等另行筹商今后起义方略，须与福建诏安，广东惠、钦、廉各属义军一同发动，令敌首尾不能相顾。许雪秋寓居香港阑桂坊等候惠州义军的消息，另派人驻汕头幸阪旅馆传递情况。

3月24日，黄乃裳致信张永福、陈楚楠，称如欲图再举，“斯时非有十分把握不可开张”，强调“如儿戏不能从之”。后来，陈宏生来福州时，黄乃裳面授机宜，提出再举意见：事前当周密安排，绝不可作无充分准备之举动。粤东举事，当于事前告知时间，福建派同志赴潮州协助。如得切实起事时间，他可提前赴潮。

岂料许雪秋心中生疑，认为陈宏生是要取而代之。他得知黄乃裳致信张永福、陈楚楠，更是暴跳如雷，当场大骂不已。冯自由颇不以为然，说许雪秋明明应负失败的主要责任，可又全然不顾事实，一股脑儿往别人身上推卸；起事时不在现场指挥，却硬说自己率数百人马，埋伏在潮州城边，准备接应。

许雪秋见冯自由对他有微词，心想，胡汉民也不见得会同情自己的处境。一怒之下，他并不告辞，径回阑桂坊，彻夜未眠，给孙中山写信。

必须削弱黄乃裳、陈宏生在孙中山心中的地位，自己才能取得孙中山的绝对信任。许雪秋抱着这样的想法，把首义失败的主要原因——义军未能集结的责任推给陈宏生，扯上黄乃裳，说是“黄乃裳之门生陈宏生等乘机谣惑”，还说黄乃裳要与冯自由商量让陈宏生等领办潮州黄冈举事，强调黄乃裳师生俩手中并没有掌握多少人马，如欲越俎代庖，起义断难成功，那么会给革命造成损失。

其他知情的同志颇不以为然。

黄乃裳想，绝不可计较个人得失，何况是对一个同志。虽说许雪秋子虚乌有，诬告陈宏生，还无端扯上自己，横加指责，但其他同志既然清楚来龙去脉，何必再作辩白，甚至于反击呢？那样做，只会给革命造成损失。他让陈宏生主动向许雪秋剖明心志，消除误会，并坐镇汕头，运动各地；让陈涌波运送一批火药军械至黄冈，化整为零，分贮秘密处所。许雪秋收到新加坡的几万元捐款，遣人往黄冈，与陈涌波商定，择日起事。粤东各地党人得报，互相照会，跃跃欲动。

然而，由于走漏风声，引起清潮州总兵黄金福的警觉。5月21日，黄金福派兵勇数十名进驻黄冈镇，并借故捕去两名会众。次日，余既成等聚集党众200余人于黄冈城外起义，经一夜血战，攻克黄冈。23日，起义者在旧都司衙门成立军政府，举陈涌波为司令，以“广东国民军大都督孙（指孙中山）”或“大明都督府孙”名义布告安民。起义军纪律严明，秋毫无犯，因此深受群众拥护，附近贫民纷纷参加义军，队伍很快发展到五六千人。但这次起义事出仓促，具体主持者不了解通盘计划，事发后才派人去香港请许雪秋来督率义军，到汕头时他却为清军所阻，无法到达战地指挥。当时黄金福部清军已抵离黄冈10公里的潮州。起义军决定：兵分两路，一路由陈涌波率领，直趋汕头，目标是乘黄金福带兵外出之时，攻占其巢穴；一路由余既成率领，直接奔向潮州，攻击黄金福部。25日，陈宏生从汕头赶到黄冈，众人便推他为临时指挥长。两路军队同时出发。余既成部抵达潮州时，天已黎明，而清军早有准备，因此初战失利。进攻汕头之义军，得知潮州失利，即改变计划，转援余部义军。两路会攻黄金福清军，敌势危急。恰于此时，清广东水师提督李准所派援军到来，双方夹攻义军，因而潮州未能攻下。27日，在敌我力量悬殊的情况下，陈宏生、陈涌波、余既成决定解散队伍，起义遂宣告失败。

黄冈起义虽然失败了，但其历史功绩不可磨灭。孙中山在《建国方略》中高度评价说："若无此次诸烈士轰轰烈烈足丧满虏之胆之善因，怎有辛亥武昌之义师一举而鄂督瑞澂入军舰之美果？！"在黄冈起义的影响下，潮梅各地更多进步人士参加了当地的革命团体，同时也推动了同年继之而起的惠州七女湖、安庆、防城、镇南关各地起义。

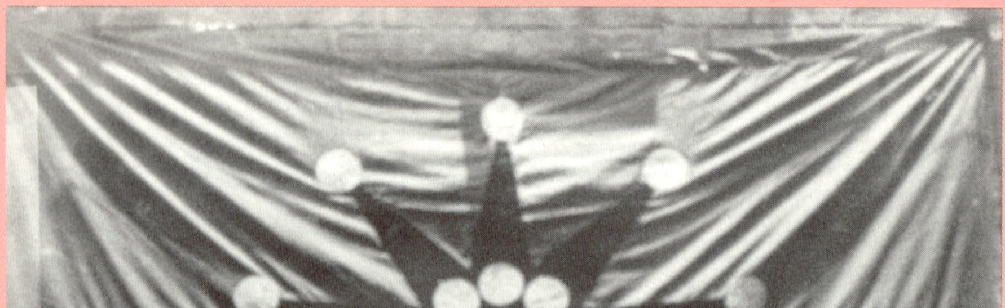

第九章

福州举义旗

黄乃裳在经济极落后的山区小县闽清大规模创办新式学堂。在任省谘议局议员时，他关注民生，掩护革命，积极动员学生参加黄花岗起义。作为福州革命党领导人之一，他亲自参与筹划并高举十八星旗参加了辛亥光复福州的战斗。

在闽清县创办新式学校

1907年2月，黄乃裳从新加坡回到了故乡闽清六都。他特别关心闽清的教育情况，发现全县风气仍极为闭塞，教育相当落后，仅将原文泉、龙江、云龙3座书院改名为学堂，新设学堂只昙溪一所，此外再无学校。他一向认为，向青少年灌输国家民族观念，唯有创办学堂、振兴教育一途，便与绅士商办教育，创设闽清县教育会，他被推选为会长。

可是，有许多实际问题如师资、办学经费都是首先必须解决的。

当时，全省培养师资的仅有一所全闽师范学堂，入学者多为省城官绅子弟，人数也极有限，且他们绝不肯抛弃省城的安逸生活，到闽清的穷山沟里执教鞭。虽经陈宝琛帮忙，个别人愿意受聘，可他们提出的薪金太高，学校付不起。没有师资，便自己培养，黄乃裳狠下决心。他经省提学使、闽清知县同意，在福州设立简易师范学堂，由知县出面从原县学廪生、增生、附生，也从相当于县学生员程度的读书人中召集，前后共招了40人入学堂就读。他们接受了较先进的教育理念，熟读了基本的教材教法，一年期满由省提学使派员监考，考试合格后回闽清任教。缺乏办学资金，便设法筹集。黄乃裳为此踏破了诸学董和殷富者的门槛，获得不少资助。

经黄乃裳奔走规划，一所所新式学堂出现在梅溪两岸。一年后，终于在全县17个都、乡办起34所学校。一个经济极落后的山区小县，如此大规模创办新式学堂，不但为闽清立县千年以来所未见，在当时的中国，也是极了不起的成就，因此受到了各方广泛的好评。

为长久之计，他与知县筹创办学田亩捐，就全县实有田产抽取谷物，每亩抽谷5斤，由“势头”（地主）和佃户分担。按此抽法，足以扩充学务，可望在全县建成大小学堂四五百所，让所有穷苦人家的子弟都能读书识字。经省提学使审阅呈文，由县衙行文，通过全县24个都照章办理。因为抽田亩捐，遭到个别劣绅的反对。一武童生首起抗交，并煽动愚而无知、鼠目寸光的慵农，毁坏学堂设施。省提学使下令县班查办，可是县班受贿徇私，仅报将武童生详革衣顶、罚赔300元结案。知县因此愤而请求辞职。经此番折腾，各都、乡办学自然大受影响。

黄乃裳的大规模办学活动为闽清县新式教育的发展奠定了坚实的基础，也扩大了他在福建学界的影响。

省谘议局参议员

1909年5月，黄乃裳被推举为福建省谘议局议员，随后被举为常驻议员，处理局里日常事务。他辞去闽清教育会会长职务。

1900年八国联军侵华，慈禧太后挟光绪帝西狩。回京后，她授意发布“变法”上谕，陆续推行所谓的“新政”。立宪派借助风势，提出立宪论。一些驻外使臣、地方督抚也奏请“变更政体，实行君主立宪”。清廷装模作样，派五大臣出洋考察宪政。御前会议通过了由梁启超暗中捉刀的五大臣考察报告，下诏预备仿行宪政。1908年，清廷颁布《钦定宪法大纲》。10月，光绪帝和慈禧太后相隔一天死去。不满3岁的溥仪继承皇位，改元宣统。其生父醇亲王载沣摄政。载沣表示决行立宪，诏令各省于年内成立谘议局。福建的立宪派紧锣密鼓，张罗选举、成立省谘议局。

有人提议黄乃裳为省议员候选人。他却认为朝廷不可能把宪政当作实事来办，因此不肯参加竞选。可同盟会同志以其他各县多已选出议员，同盟会无人得选，故力劝他参加选举。革命党正要借鸡孵蛋，利用谘议局这块宝地，掩护进步团体，开展革命活动。黄乃裳觉得此言不无道理，至少可借此机会，为经济文化做一点有益于国计民生的实事，于是他就积极参选。

谘议局第一次常年会上，黄乃裳任其他财政科审查员。第二次常年会上又被选为庶政兴革科主查。两年间，他单独提出，或与人合作提出，或主查的重要议案有请截留部提海关盈余提议案、筹备师范教育案、振兴农业案、保护外洋华侨案、划地禁烟限期肃清提议案、筹办简易识字学塾修正案、两浙木商船帮建议书等，件件关乎国计民生。他在局里常常抨击时政，职务便一降再降，落到一般的审查员了。他却乐得借考察实业名义，遍走闽北山区和福清、连江等地，宣传革命。

1911年初，兼任福州基督教青年会会长的黄乃裳发动教会同人，向英国女王请愿，要求禁运鸦片来华，全省各府县主要教堂都派人参加。他向福建、江苏、浙江三省教徒征集签名，在请愿书签名的有两万余人。他还取得英国教会驻闽会督的同意，代将《中国基督徒上英皇禁烟请愿书》转呈英国女王。

4月，黄乃裳积极投入处理公益社团被禁一案。闽浙总督松寿侦知各社团中有革命党人活动，暗令闽、侯官两县出告示，禁止集会结社，并取缔现有各社团。黄乃裳带头予以抵制，保护革命力量。由同盟会桥南社发动益闻社、说报社、禁烟联合社、救火会、去毒会各团体，呈建议书于省谘议局。建议书中说，闽、侯官两县并无解散各社团的权力。谘议局为代表民意的机关，请主持公道，维护各公益社团。黄乃裳强调取缔社团有悖宪政，有损立宪派自身利益，促使召开局议会，议决两县告示违律，具呈文给松寿，请其速饬两县遵律办理，撤销告示，以清权限。3天后，松寿作出答复，两县告示无效。此后，各社团凡事唯桥南社之命是从，暗中支持革命党的活动。

黄花岗起义

这时的黄乃裳，既兼任英华、培元、福音3座书院的教务长，又是福州基督教青年会会长、省议员，一身多职。他还受基督教会之聘出面主办《左海公道报》半月刊，辟有社说、译谈、宗教、政治、教育、实业等栏目。

革命发展，一日千里。福建同盟会支部考虑，由桥南社设立体育会，勉喻省垣青年，尤其是桥南一带青年参加。以习武锻炼身体为名，行革命活动之实，将来倚此为福州举义的干城。黄乃裳受命之后，深入各书院及一些机关、企业、医院发动，很快组成桥南公益社体育会，每天清晨在梅坞的麦园顶操练。暗地里，黄乃裳在对湖住所组织了学生炸弹队，弄了一些土制炸弹，练习抛掷，以备大用。

1910年11月，孙中山在槟榔屿召开会议，决定在广州发难。会后他到美洲向华侨募款，黄兴则回香港主持军事。1911年1月底在香港成立统筹部，由黄兴、赵声分任正、副部长，下设出纳、秘书、储备、调度、交通、编制、调查、总务八课，各司其职。又在广州设立秘密机关38处，并组织“选锋”（敢死队）800人，由南洋华侨革命青年和国内闽、苏、皖、川、桂、粤各省抽调革命党人组成。建立统一的指挥部，由赵声、黄兴分任正、副总指挥。

广州起义迫在眉睫。东京的福建支部派人直接到香港参与筹备，另派林觉民回榕策动。黄乃裳积极响应，赶往连江等地，召集黄忠炳、卓秋元等报名赶往广州参加起义。

4月27日（农历三月廿九）下午，黄兴毅然率领革命党选锋队100多人，各人手臂上一律缠着白布，作为起义的标志，从小东营指挥部出发，一直攻入两广总督署，准备活捉两广总督张鸣岐，迫使他号令两广清军反正。但张鸣岐闻风声后躲到水师行台，革命党遂放火焚烧总督署后退出。此后革命党人分成几路，与敌人展开了激烈的巷战。当日，原来准备响应起义并作为起义军主力的清政府的部分新军和巡防营等，因起义前被清政府收缴了武器，或因联络不上而没有参加起义，致使革命党人因敌我力量悬殊等原因而失败。

黄兴负伤后化装逃脱，林文、林觉民、方声洞、黄忠炳、卓秋元等86人死难。同盟会会员潘达微以《平民日报》记者的公开身份，通过善堂出面，收殓烈士遗骸72具（其中福州籍占19

人），葬于红花岗，改名黄花岗。故这次起义称为黄花岗起义。

张永福在《南洋与创立民国》一书中说：

> 迨粤中三月廿九之役，当发动之先，黄（乃裳）君怂动其最信任之青年多人入粤。至黄花岗失事，闽人死义者占至20位，其中为黄君之门弟子在半数。黄君虽身不躬豫，其遥中声应朿其爱徒为主义而牺牲，厥功之伟，可谓不在烈士之下矣。

福州光复

当时，全国到处都在发生动乱，设立新内阁问题、召开国会问题，抗粮抗捐、保路风潮，一波接着一波。

1911年10月10日，武昌新军起义，武汉三镇光复。武昌旗举天下应。湖南、陕西、山西、云南诸省新军和会党先后起义，并成立军政府。

福州革命党人紧锣密鼓准备举事，在东南沿海先树义旗。这时，同盟会会员彭寿松从武汉回到福州。他倡设特别军警同盟会，自任会长，运动驻闽湘军。第十镇新军的中下级军官、士兵，福州巡警全数加入特别军警同盟会。福州新军实力派人物、陆军讲武堂总办兼第十镇协统许崇智终于重阳节履仪加入福建同盟会。

黄乃裳因经费没有着落，急告南洋同志，革命将行，速汇款相助。

同盟会作了具体分工：桥南社作为总机关，由林斯琛和郑祖荫、刘通统筹。城内的军警特别同盟会为分设机关，由彭寿松掌握。林斯琛配合彭寿松策动第十镇统制、福建水陆提督孙道仁和驻闽湘军。黄乃裳仍主持桥南体育会，另在对湖住所专门训练炸弹队，李藩为队长，以协同军队作战。

11月5日晚上，革命党人在闽江下游魁歧江面一艘英商乾记洋行游艇上召开秘密会议。同盟会方面的有郑祖荫、黄乃裳、林斯琛、彭寿松等人，新军方面有统制孙道仁和协统许崇智。

会议决定：省垣各校学生全部由黄乃裳联络发动。其中炸弹队入城后，登上城楼，举火为号，军队见火起，除酌留一部分维持四城门治安外，悉数向旗界各据点推进，采用包围战术，聚歼旗兵。由孙道仁、许崇智、彭寿松指挥军警，桥南社发动各社团群众参加。

孙道仁提出，兵马未动，粮草先行。起义时须有足够资金应付。会议决定已拖欠5个月的军饷当补齐，参加起义的将士本月可发给双饷。黄乃裳将民心社转来的华侨捐款5万元悉数付给，承诺一旦接管大清银号后，再拨付5万元，共凑足10万元，其余俟大局已定，再从长计议。补充弹药之事，由彭寿松运动屏山弹库守军凿垣偷运。革命成功后各方将竭诚拥戴孙道仁为福建都督。大家一致决定起义时间定于11月12日。

会后，大家分头行动。黄乃裳尚在“新福州”时，许逸夫辍学南下谋生，在新福州总公司做事。这时，他接到黄乃裳的急召，立即率“新福州”的光远社（原砂拉越福州会馆）社员，回国参加革命。他受黄乃裳委派，回闽清号召青年学生来榕参加起义。黄乃裳又赶至英华书院，找到他的学生黄家成，让他速回福清招募革命青年，务必在起义前赶到福州，以壮革命军的声威。

到了福州风声日紧时，福州将军朴寿才知道仓前山、南台山等处有革命党组织，还编有学生敢死队、炸弹队，已知英华诸校教务长黄乃裳也是革命党头子。他组成侦察队，一旦侦知其他革命党人下落，即可提调兵力，一网打尽；又组成八旗巡防营，日夜巡逻水部门沿东门至汤水关城墙；另组织500人为杀汉团，分成冲锋队和放火队；又在旗界内设置火炮，埋设地雷，宣称要与全城汉人同归于尽。

11月7日，泉州府晋江县安海革命党人打响了福建辛亥革命第一枪。当天，几个“防堵兵”到酒店喝酒，因赊账之事与伙计起争执，气焰嚣张，愤怒的民众团团围住酒店门口。革命党人趁机起事。民众放火焚烧武衙门，又接连捣毁了文衙门、粮局和分县衙门，革命军贴出告示，宣布安海光复。

11月8日，省谘议局议决建立新政府，提出所有福建政务此后由新政府施行。因立宪党人要抢先夺取政权，加上福州起义消息泄露，革命党决定提早于当天午夜举事。

8日下午，黄乃裳赶到桥南社参加紧急会议。他掏出一张南洋同志寄汇的巨额银票，即着人取出银两，作为当夜举事的开办费。福州学生和各社团群众，组织后编队，统归同盟会福建支部总机关部指挥。

鉴于新军多数官兵染上兵痞欺压百姓恶习，也为防范不法之徒趁机捣乱，引起洋人干涉，急需研究制止劫杀扰民之策。黄乃裳等便以尚未成立的福建都督府名义，当场拟就《临时约法十七条》，于通衢要冲张贴。

孙道仁发出密令：令协统许崇智为前敌总指挥，以于山为总攻阵地，前敌总指挥部设在于山观音阁；本晚口令为“子女”，过栅口令另发。

天黑时分，许崇智即率新军占领旗界制高点于山。

深夜11时许，参战的炸弹队队员30余人，齐集于对湖黄乃裳住所待命。黄乃裳作了简短的战前动员，然后在前头带队，趁着月色，悄悄行至桥南社。他手持剪刀，一一为队员剪去辫子，以示同清廷决裂。队员各领得十几枚炸弹。黄乃裳把他们送出一程，又目送他们消失在夜幕中。

五更时，水部门城楼上传来鼓声。于山上的山炮放了一声空炮，震动全城。水部门城楼的起义军首先发难，顿时枪声大作。天亮时，于山上炮声隆隆，双方展开激烈的争夺战，黄乃裳以前方激战正酣，马上整队入城，壮声威鼓士气。他从林觉民的遗孀手中接过特制的九角十八星旗，高高举起，迈着健步，与郑祖荫并排走在队伍前列，体育会学生军和南台商团组成的300多人队伍，进驻花巷革命军司令部。见队伍过来，更多的人拥至街头，啧啧称赞举旗的黄乃裳精神抖擞，不亚少壮。队伍至花巷司令部，孙道仁率部向十八星旗行鞠躬礼。

革命党人的十八星旗

黄乃裳又举旗率众至津泰路武备学堂。早有一青年学生登上主楼屋顶，扯下旗杆上的三角大清黄龙旗。黄乃裳亲手将十八星旗张于杆首，随行人员列队向它行礼。

黄乃裳又举着另一面大旗，率队来到于山，在戚（继光）公祠前向许崇智请命。敌敢死队已爬至半山，攻势甚猛，黄乃裳即令学生军加入炸弹队，将杀汉团火力压下。杀汉团不支，抵挡一阵后撤退下山。

闽浙总督松寿服毒而死。福州将军朴寿潜逃，下落不明。11时许，敌界城楼上竖立一面白布降旗，写着“将军已走，停战再议”。革命军认为是诈降计，未予理睬。下午2时，于山天君殿前门的一棵榕树上又出现白布降旗。许崇智正在视察阵地，即命暂停炮击。许崇智见旗兵确有投降诚意，派副官随之下山洽降。旗兵点名缴械后，各领得洋银1元，被遣散回家。

10日，仍有零星战斗。黄乃裳命炸弹队分成三路，配合革命军战士，全面搜查旗界。一个年仅15岁的学生在八旗捷胜营都统家中抓获朴寿，搜索队用轿子把他抬至于山，斩首正法。副都统吓得魂不附体，连声求饶，即被放回旗营，传谕所有旗兵，将存匿军械全部缴出。

第十章

从政生涯

起义成功后，黄乃裳任福建军政府交通部长、华侨招待员、执行稽勋委员、政务院代理副总长。他努力争取海内外人士的款项，规划福建水陆交通，为福建局势的稳定作出了重大贡献。他经手款项数以百万元计，自己却过着十分简朴的生活。然而，“福州血案”的发生，还是引起了福建政局的动荡。

交通部长

战事底定，军政初创，黄乃裳忙于福建军政府的组织工作。

1911年11月11日，中华民国军政府闽都督府成立，俗称福建军政府。孙道仁被推为都督府都督。军政府设参事会，作为全省军事监督和决策机构，掌理政务，下设民政、财政、军务、交通、外交诸部，黄乃裳被一致推举任交通部长。

上任伊始，黄乃裳收到英国传教士转来张永福和陈楚楠的信件和银票，信上询及武昌起义已有1个月，福建方面为何迟迟未曾起事，并寄汇1万元为光复的费用。

次早，他收到陈嘉庚的电报。电报上写着：

闽省各府县是否光复？都督何人？此间已成立保安

福建军政府成员合影，第三排左二为黄乃裳（黄乃裳研究会供图）

会，筹款接济。复。

原来，新加坡华侨从路透新闻社的传报中得知，福建已于近日光复，侨情兴奋。陈楚楠和陈嘉庚等人商议，发动闽籍侨胞，假借天福宫福建会馆，召开闽侨大会，成立福建保安会，筹饷筹款，帮助福建临时政府维持地方治安，渡过难关。侨众一致推举陈嘉庚为保安会会长。他电告厦门平粜局，将局里2万元现款直接拨付给福建新政府，作为首批保安捐，同时发电给黄乃裳等人，询问详情。

军政府入不敷出，又积欠军饷，孙道仁和彭寿松等人苦思难得良策，急得团团转。很快，新加坡侨胞成立保安会的消息传遍了军政府，自都督以下阖府官长均欢欣不已。黄乃裳即拟电文回告：

新加坡源顺街天福宫福建会馆转

福建保安会会长陈嘉庚暨全体董事：

全省光复，都督孙道仁，需款急，请速汇。黄乃裳。

黄乃裳在交通部的第一件事，是接管了马尾船政局、电报总局及分局、电话公司等，整顿后再行开工，恢复正常运转。同时依靠工人，控制电报电话全部线路和机器，同各地革命党互通信息，遥相呼应。

第二件事是搭班用人。他遴选下属邮政、电信、航业、路政四科正副科长。照彭寿松的意思，各部门均由同盟会会员掌握实际权力，可是交通部很多方面需要专业人才，他为此同彭寿松争执了好几回，反复考虑取舍，选贤任能，最终任命同盟会会员为邮政、电信、路政诸科科长，交通部次官、航业科科长均为专业技术人员，做到革命党人和技术人员并重。

接下来他查验闽江上下游所有客轮、货轮，依照吨位确定其载客和装货的数额，以确保商旅生命财产安全，避免超载滥载，造成惨祸。随后派人到闽南调查漳厦铁路现状。

黄乃裳踌躇满志地写下一联：

专制已摧，大伸素抱；
共和待建，何得安居。

黄乃裳虽掌交通部，但对新政府渡过财政难关贡献巨大。南洋募款已达数十万元，单新加坡福建保安会，一月之间已汇款计有20万元。政务院决定成立筹饷局，具体负责募款，邀推黄乃裳兼任劝募专员。政务院副总长林斯琛和郑祖荫一致认定他兼任此职为最佳。黄乃裳认为自已既擎画交通，事务繁忙，怎能分心两用？筹饷要事，应有专人操办，方不误事。彭寿松见黄乃裳坚辞不就，才不再坚持原议。

同盟会南洋总机关部派人回闽视察，孙道仁力挽他们再行南渡筹款。黄乃裳因此建议：南洋侨胞爱国心切，汇款甚多，然侨胞多为穷苦劳工，有的已倾尽积蓄。应当以军债方式再行募集，嗣后财政好转，予以兑还。结果各部一致同意发军债券，便以闽军政府名义向南洋闽侨发出电报：

槟榔屿《光华日报》转各埠鉴：闽军政府议定颁发军债票，乞速筹款，先代付收条，后换债票。电汇交孙都督或乃裳收领。

12月16日，黄乃裳主持北伐军筹饷会议并在台上作演讲。总商会会董计议后，当场认捐16万元。许崇智率领的北伐军队、许逸夫为总代表的福建北伐学生军先后开拔。

12月27日，孙中山经过16年海外漂泊和艰苦斗争，终于回到了故国。黄乃裳忆起在新加坡河畔与孙中山的谈话，孙中山敬慕华盛顿，他也敬慕华盛顿，革命期间还曾特取号慕华以明志。他即发出第一封电报：

老友黄乃裳欢迎我君，欢祝我君，并劝勉我君，勉为泰东第一华盛顿。

傍晚，他接到孙中山复电：

接电如亲旧雨。第奖饰逾量，文何敢当。

各省代表选举孙中山为临时大总统，消息立即电传到福州。黄乃裳见老友如愿以偿，得主新政府，欣喜若狂。傍晚，又致电以贺：

上海局译呈孙大总统：老友黄乃裳顷得宁电，十七省代表全体举君主中华民国，喜极欲狂，叩贺！叩贺！更愿君勉为泰东第一华盛顿，裳无任盼示。

傍晚，福州组织数万人的盛大游行，庆祝中国乃至亚洲第一个大总统的产生。队伍由黄乃裳领头，从都督府出发，徒步至城外，环行20多公里。回到都督府时，他收到孙中山百忙之中的回电：

福州局译呈黄乃裳君：电来厚誉，公仆任重，文惟有勉从国民服务，以无负老友之望。谨复。孙文。

1912年元旦，孙中山在南京宣誓就任临时大总统，宣告中华民国临时政府成立。次日，孙中山通电各省，明令改用阳历。1月28日，南京临时参议院成立，林森为参议院议长。

各部奉命改名为司，黄乃裳仍为交通司司长。其本司邮、电、路、航四大端，只得按序筹划。乃先设船牌局，调查全省溪河江海所有大小船只，编列号数，并拟水警章程，以便开办，其由延平至邵武，由漳州至龙岩抵汀州之电线，俱在筹办。

黄乃裳还规划福建交通图：先筑铁路至琯江，将马江造船厂移设琯江。外国商船只停泊于马江，以免深入省城及腹地。他把琯江、福安、宁德、古田、建宁、上洋、顺昌一线连起，再斜行邵武，转接将乐、汀州、龙岩、漳州，与漳厦铁路相连，成椭圆形铁路线。路通则财通，全省现有矿山，多在闽北、闽西，木材、土纸、笋干等农产品也多在此路两旁，矿产、特产均能外运，振兴闽省实业，可使闽中成为四达不悖之要冲，北连江西、浙江，南接广东潮州。琯江地处广袤，可设制造厂、大工场，利用当地原料加工出口。关于筑路经费，拟先建福州以北数段计650公里，琯江建造船埠码头，费用大抵3000万元，需款由省政府负责部分。他拟自赴南洋，召集侨胞回国筹办，并开采各处矿产。乡侨有心，不愁此事不成。

筹饷局设在皇华馆财政司内，但成立一个多月来成效不大，孙道仁、彭寿松力推黄乃裳兼任筹饷局总办。既要节流，更须开源。黄乃裳吁请海外侨胞继续捐款，并就地设法筹款。他频频访见南台殷商巨富，陈述军政府的财政状况。总商会垫付100万元，南台官绅认捐60万元，城台殷商认捐40万元。黄乃裳提交议案经政务院议决通过，恢复中城水亭厘局，按原有厘金的七成征收，抵还商捐，财政问题迎刃而解。

南京临时参议院议长林森，议设中央临时稽勋局，责成各省和海内外各埠成立稽勋分局，稽核辛亥革命前后革命党人勋绩，以便由政府褒奖生者，抚恤烈士遗属。黄乃裳是具体执行稽勋委员。

同时，黄乃裳还受命为华侨招待员。不少华侨回国慰劳，更多的是回来考察资源，开办实业。他们总是找黄乃裳了解省情，探询政府对侨资政策，确定投资意向。

作为福州基督教青年会会长的他，亲自筹款4.5万元购置台江苍霞洲地块，美国总统西奥多·罗斯福听说此事，便募赠12万美元，支持黄乃裳建造基督教青年会。该建筑面积为8000多平方米，规模宏大，气派非凡，是福州近代最早、最大的一座综合大楼。

他经手款项数以百万计，又带头请求减薪，自己却过着十分

青年会

简朴的生活，真是一个难找的清廉官。

有一天，黄乃裳回到对湖家中，却见刘通已等候多时。近来林斯琛调任盐政处督办，黄乃裳代理政务院（原参事会）副总长一职。

两人谈兴甚浓，不觉已是中午开饭时间，钱氏盛来两碗米饭。菜汤上来，是芥菜、蚬子两个很便宜的菜，外加一个酸菜汤。黄乃裳端起饭碗，大口大口地扒着，吃得津津有味。刘通操勺喝了几口汤，觉得酸不可耐，便放下勺子。耳听为虚，眼见为实。曾听说黻伯日子过得十分节俭，没想到他的伙食竟这般简单，看着墙上那打着补丁的衣服，再看着他皓白如雪的鬓发，刘通肃然起敬。

孙中山视察福州

4月19日，福建军政府自司长以上官员齐集马尾港，专程来此迎接到闽视察的孙中山。

袁世凯凭着北洋军的强势和两面三刀手段，篡夺了辛亥革命的胜利果实。孙中山向参议院行辞任礼后，离开南京到各地参观。此次专程回他阔别17年的广东香山老家，顺道到福建视察，并看望老友和慰问烈士遗属。

孙中山一行下榻于马尾船政局储材馆，晚餐后，孙中山留黄乃裳在馆中叙谈。

两人大谈特谈铁路的规划。孙中山说明今后努力方向，首在经营铁路设计，力争建成10万公里铁路，地尽其利，货畅其流，民国因此便可富强。黄乃裳详谈对闽省交通的擘画。孙中山赞许地说：“你已走到我的前头。”要他送一份规划图，作为自己今后铁路设计的参考。

翌晨，马尾二公祠前，孙中山登小火轮往福州参观。船到海关埕，岸上自动聚集而来的欢迎人们高呼着口号：“欢迎孙大总统莅闽视察！”“孙中山总统万岁！”……

孙中山一看，三角旗上写着类似字眼，生气地说：“这样太不成话，共和国总统卸任了，就是一介平民，怎可称‘总统’？！‘万岁’是封建专制皇帝硬要官民称他的，我们革命先烈为了反抗‘万岁’，牺牲了多少头颅，流了多少血，我如接受这个称呼，怎么对得起先烈？！”

孙道仁连声谢罪，令撤去小旗，将城内标语全数清理掉，孙中山这才走上岸来，回过头说：“今后我们一律以先生相称。”

孙中山到桥南社看望同盟会支部同志。午餐时，第一道菜

福建各界人士与孙中山合影，前排左二为黄乃裳（黄乃裳研究会供图）

上来了，孙中山知道它叫“佛跳墙”，是闽菜中最有名气的菜，说：“民国肇建，财政拮据，还请一切从简。”席间，他要喝点酸辣汤，厨师做了一盆猪血汤，他津津有味地持勺喝了几口，说：“猪血有益健康，价廉物美，才是一道好菜咧。”

明伦堂各界代表欢迎会后，黄乃裳为孙中山一一介绍黄花岗烈士遗属，孙中山私人赠款抚恤烈士遗孤。至公堂咨议局，孙中山与黄乃裳、孙道仁等合影后，对欢迎群众说：“民国的建立，只是革命事业的开始，黄花岗起义已经一周年，闽籍十九烈士壮烈成仁，是福建人民的光荣。希望大家能戮力同心，完成烈士未竟之志。对于烈士，我们都只是未亡人，只有努力建设好我们的国家，建设好家乡，才可慰烈士在天之灵！”

福州血案

送走孙中山一行，黄乃裳全身心投入铁路线的测绘工作。不久，福州发生两起谋杀案，黄乃裳也被牵连进去，令他痛心疾首，也打破了他执着的事业梦。

第一件是福州玉山涧河发生的一起惨案。同盟会会员、军政府的民政科长蒋筠被彭寿松派人暗杀，抛尸河岸。

其间，省临时议会筹备选举。不久，社会上冒出一个叫作“旅闽共和国民会”的外省人士组织，向政务院要求分给其10名议员专额。彭寿松直接出面，迫使政务院通过。他是政务院总长、警务总监，还在筹建防卫军，当作亲军。他还想控制省议会，以固其位。

旅闽议员专额事态的发展，导致了福建政坛的一场纷争，引起旅外闽籍人士的关注，北京袁世凯政府趁机插足。

旅沪福建同乡会得悉议员专额风波，蒋筠又遭戕杀，原海军部总长黄钟英、现任海军司令蓝建枢和沈瑜庆、杨树庄、高鲁等70多人联名致电孙道仁，要求迅速破案，缉拿真凶。

蒋案发生后，黄乃裳担心他的学生黄家成会是彭寿松下一个暗杀目标。

黄家成为遣散福清来榕的义军，去找政务院总长彭寿松设法出资。彭推说黄家成既未奉他的命令擅招队伍，又指责黄家成未及时赶到省垣，并没有参加光复的战斗，故既不将义军编营，也不出资遣散。蒋筠被杀后，黄家成怒不可遏，在《民心报》上发表言论，暗指杀害蒋筠的策划者就是彭寿松。彭严命封闭报馆。消息传到上海，旅沪福建学生会又发表声讨电文，彭寿松只好权将杀意收起。

黄乃裳担忧黄家成的生命安全，更担忧由此引起福建政局的变化，因此他不得不放下履勘工程事务，赶紧着手消释彭寿松和黄家成之间的隙缝。

可是，这时发生一起密告信事件。福音书院一个学生举报黄家成的暗杀名单上有彭寿松、黄乃裳、林斯琛等人，还秘制炸弹。黄乃裳面见彭寿松，再次为双方疏解。黄乃裳与政务院的两个差遣员同往英华书院黄家成宿舍中进行搜查，一无所获。他嘱黄家成写信向彭寿松剖白。这件事却促使彭寿松下了狠心，务要尽快除掉黄家成。

5月22日，黄乃裳又一次专程访见彭寿松，让黄家成向他当面辩白清楚，以解冤结。到都督府，彭寿松同黄家成历叙交情，晤谈甚欢。黄家成告别黄乃裳后顺便到外交司。岂料在南营董氏祠堂前，刺客杀害了黄家成。

两位于革命有功的同志，先后在光天化日之下，被惨杀于街衢，整个福州城笼罩在恐怖中，时人发指，道路侧目，群议汹汹。黄乃裳心乱如麻，一团美意，竟成众怨之丛！

福州光复学生联合会在南台山越王殿为黄家成召开大规模的追悼会。黄乃裳以血和墨，作挽联以悼：

具垂成学，并饶有爱国心，重以三世深交，教之诲之，直同子弟；

际濒死年，安忍效欺人事，只为五衷过热，知我罪我，当有春秋。

惨案消息经泉州原同盟会电传南洋，闽侨急电过问。一场驱彭运动在福州掀起，旅京、沪的福建同乡会全力支持和声援。

有省议会议员挺身而出，在省议会上提出弹劾案。黄乃裳到会作证，他详述了在黄家成被刺案中，自己亲身经历实情始末，证实此案主凶就是彭寿松。

涉嫌未洗时，黄乃裳三递辞职书。黄乃裳不替彭寿松掩盖事实，令彭寿松大怒，便借机裁撤交通司，拆庙赶神，黄乃裳的交通司司长一职自然被免去了。

旅沪福建同乡会驱彭不果，嗣经海军部总长刘冠雄面见袁世凯。袁世凯大喜，以前清两广总督岑春煊任福建镇抚使，领兵一旅入闽追逐彭寿松。

彭寿松一走，孙道仁和岑春煊会衔严令限期破案。两天后，拿获暗杀蒋、黄两人的要犯。蒋、黄家属向法院控告罪犯，审判厅首席检察官提起公诉，彭寿松、黄乃裳全成了被告。原告认为，黄乃裳因担保邀同黄家成入城，此举客观上给彭寿松创造了实施暗杀的机会，据此请以过失杀人论处。

地方、高等两厅和军法审判处联合办案，大量取证，慎行审讯，经四五审后，彭寿松等5人以缺席判决，判处死刑，后彭寿松在两湖另有案事被处决。3个直接凶手被判死刑，其余凶手则判处终身监禁。

林森出面聘请上海的名律师来福州，为黄乃裳辩护，法院以现行法未有律师制度，拒绝了林森的请求，而改由刘通等作辩护人。辩方声称，黄乃裳邀黄家成入城，动机是为彭、黄两人消融成见，在整个事件发展过程中，对于黄家成被害，黄乃裳并不起任何帮助作用，自不负过失之责。最终，法院判决，原告所控黄乃裳过失杀人罪名不能成立，应属无罪。

此案直延至年底方全部了结。黑幕终揭，嫌疑已洗，黄乃裳却决定携带家眷返回闽清故里。

军政府议设实业司时，初举陈楚楠为司长，可陈楚楠并无回国任职之意。福建商务总会、商船公会，及农、工、商业各校等十余个团体联合上书孙道仁，坚请以黄乃裳为实业司司长。英华、培元、福音三校也邀他续任教务长，孙道仁力挽他出任都督府一等顾问官，他一概谢绝。

黃紱丞先生七十自序

薩鎮冰題簽

紱丞七十自叙

黃乃裳號紱丞七十自叙曰余閩之閩清人也累世業農父爲木工母林氏舉裳與妹一及三弟少時半耕半讀年十八清同治五年基督教傳至鄉邑聞西牧師薛承恩及謝錫恩李德恩諸先生到鄉說教由顯及稍微至謂恃人力不能終底於爲善人惟藉聖神之感助力方能勝諸罪惡以爲語甚奇創徐與究詰討論藉知贖罪救靈要道遂決悔改前所迷信及自身所犯之罪過奉基督教爲依歸冬十二月與族叔福居同受洗薛牧師手其時風氣盲塞人心昏昧詆誶譖逐者遍鄉閭周旋殊爲苦楚幸鄉中聚族而居千百人皆有血統關係雖誹謗凌辱甚至受朴而卒無加害者六年族兄必暢必宏必如永邑吳松學相繼信道漸及暢子天燦宏弟懋坦十餘人相與聚集禮拜聽講迺年冬教會賃坂中劉姓宅爲堂所派許揚美牧師爲六都鄰近各鄉傳道給余以勸士執照繼令隨爲學習傳道七年

第十一章

蒙冤入狱

黄乃裳因反对被袁世凯及其爪牙的倒行逆施而被捕入狱，并被判处终身监禁，海内外各华侨团体和个人纷纷营救，终得出狱。他在大难不死之后，慨然说：“今后惟对天下人，矢志尽我余生，抱利他主义，至于入墓之时，不敢偷活苟且而已。”

“二次革命”

1912年12月，黄乃裳携带着家眷离开工作和生活了40多年的福州，返回闽清。因为湖峰老家的旧居年久失修，便在县城许厝里租赁几间房作为寓所。

1913年2月，中国首次根据《临时约法》的规定，进行国会选举。由同盟会会员为骨干组成的国民党获得议席最多，预备由宋教仁出任内阁总理。3月20日，宋教仁在上海沪宁车站遇刺，两天后去世。迫于社会舆论的强大压力，袁世凯批准赵秉钧辞去国务总理一职，由段祺瑞代理。

孙中山于事发后即从日本返回中国，于上海开会，主张讨伐袁世凯，但国民党内意见不一，部分领导人如黄兴倾向使用和平手法，在不破坏《临时约法》的前提下以法律手段抗争。

4月26日，北洋政府向英、法、德、日、俄五国银行团签订借款合约，意图扩充军队，镇压革命。

这时，福建省民政长张元奇邀黄乃裳出任省署顾问，还答应俟有空缺的适当职位，便要擢升。可他“以衰老辞。其实受宋教仁案所刺激，揣民国万不能久延，以元首天良斵丧已尽，其爪牙鹰犬，势必承其意旨以市恩泽，残杀荼毒，靡所不至”。他已决定置身事外，不卷入这场政治漩涡。

5月初，国民党员江西都督李烈钧、广东都督胡汉民、安徽都督柏文蔚通电反对贷款。副总统黎元洪居中斡旋，希望化解北洋政府与国民党之争。6月，袁世凯免除李烈钧、胡汉民、柏文蔚三人的都督职务。7月，李烈钧在江西湖口举起反袁旗帜，“二次革命”爆发。安徽、湖南、广东等省相继宣布独立。福州各界派代表向都督府请愿，要求宣布独立。时任第14师师长的许崇智联络刘通等革命党人，胁迫福建都督孙道仁举兵反袁。孙道仁迫不得已，于7月19日和许崇智联名通电，宣布福建独立，并推举许崇智为福建讨袁军总司令。孙道仁虽宣布独立，但对许崇智要求出兵北伐之事只是口头敷衍，当许崇智提议出兵援赣及北伐时，孙道仁总以饷械缺乏为由，加以拒绝，福州商会也不代为筹款。因军饷无着，故福建虽宣布独立，而讨袁军却从未出省。

7月，袁世凯下令撤销孙中山筹办全国铁路的全权。8月8日，许崇智知事无可为，偕同家人逃离福建，避居于上海法租界，年底逃亡日本。孙道仁便于8月9日通电宣布取消独立，并向袁世凯认错请罪，把责任推卸在许崇智身上。9月1日，张勋武卫前军攻克南京，各地宣布取消独立。孙中山、黄兴、陈其美等人被通缉，相继逃亡日本，“二次革命”宣告失败。10月6日，国会选出袁世凯为第一任正式大总统。袁世凯以“叛乱”罪名下令解散国民党，并驱逐国会内国民党籍议员。国会由于人数不足而无法运作，不久即被解散。袁世凯从此成为寡头总统。

11月，袁世凯命令福州人、海军总长兼南洋巡阅使刘冠雄率北洋中央陆军第4师第7旅李厚基部入闽，这是北洋陆军进入福建的开始。从此以后，福建开始了北洋军阀统治的黑暗时期。在刘冠雄的推荐下，李厚基被袁世凯任命为福建镇守使。次年7月改称福建护军使，督理福建军务。

蒙冤入狱

1913年下半年，黄乃裳走遍闽清全县穷乡僻壤，想为振兴桑梓的教育再尽绵薄之力。

转眼已是1914年春。黄乃裳邀约众乡绅，一起来赁所讨论办学问题。其间，得知黄光凤被知县窦炽昌勒索，迫害，诬陷种植鸦片。

几天调查下来，事实确如黄光凤所言，只不过种鸦片者另有其人，窦炽昌得了大笔贿金，反而放走犯禁者，让他远走高飞，然后栽赃到黄光凤身上。他借禁烟之名，行勒索之实，又公报私仇，硬是诬指黄光凤私种鸦片，还鼓励他人抗禁，要严加惩治，收禁烟之效。

黄乃裳率众为黄光凤辩解。窦炽昌近来攀上省民政长汪声玲，自觉腰杆硬了，恼羞成怒："袁大总统明令禁烟，先生须知阻扰禁烟，就是反对中央，反对袁大总统，其罪不小！"

民政长汪声玲早就叮嘱，要好好监视黄乃裳，免生大患。窦炽昌觉得机会来了，便上省城告状，一定要让汪声玲治黄乃裳阻扰禁烟罪。

民国元年（1912年），黄乃裳为安置福建北伐学生军女子队员，于东街福音堂右创设闽南织工女校，以实业灌输女界。北伐女生之翘楚詹桢女士为校长，并设维持会，黄乃裳为会长，专任筹费。后改名为闽南染织女学校，附设小学。他因此成为我国妇女职业教育的倡导者之一。1914年3月24日，黄乃裳到福州筹集闽南染织女学校的经费。校董们当晚在广叙楼设宴为他洗尘。就在这天，警察厅以阻扰禁烟罪名把黄乃裳逮捕。

黄乃裳的在榕故友结队到省署要求面见汪声玲，替黄乃裳申辩。汪声玲十分仇视老同盟会会员，不肯露面，却派了大队警察弹压。

“汪声玲掌民政，镇守使李厚基掌军事，两人狼狈为奸，都是镇压革命党的老手，只恐黎民遭灾，长无宁日。”黄乃裳坦然地说，“我心中自省无愧，视生死无甚挂怀。”

他让钱氏拿来一布兜书籍，《汉书》《易》《史记》《庄子》等，还有笔墨纸砚，在牢里细心阅读，不时还加以评注。

林辂存也来探访。林辂存先由三宝垄华侨推选为省议会侨籍议员，后因安溪县本籍已推定，他辞去侨籍归就本籍，买舟回闽就任。他在三宝垄时致电孙道仁，建议设立福建暨南局，切实保护侨民利益。经中央同意暨南局依议成立，他兼任总理。省议会解散后，他专司暨南局事务。近来他到南洋考察，才回福州，一听说黄乃裳蒙冤入狱，便来探监。

林辂存探听得汪声玲拟电北京，将案报袁世凯治以重罪。谁知黄乃裳摇摇头，满不在乎地说：“看来这些书要伴我度过铁窗时光。孔丘困厄而作《春秋》，屈原放逐乃赋《离骚》，左丘失明方有《国语》，孙子膑足愤书兵法，司马腐刑后著有《史记》，说不定我在铁窗里有奇文出世呢。”

黄乃裳问起“新福州垦场”“新广东芭垦场”和“兴化芭垦场”的垦殖情况。

1911年，有美国传教士看到兴化人口稠密，谋生不易，想模仿黄乃裳携农南下诗巫垦殖，遂南渡婆罗洲岛，见“新福州”垦务、教育均有成就，尤其种植橡胶，收入更为可观，还新辟了泗里街、明那丹、加拿逸分场，发展前景看好。经富雅各介绍，那个传教士与拉者见面，拉者指定新珠山下游亚越地段为兴化人垦殖地。

林辂存告诉他，兴化前后两批去了100多人，现有一部分垦农迁往船溪直古左岸一带山陵地区开垦，种植橡胶，势头不错。

黄乃裳嘱咐林辂存，身为暨南局总理，当尽可能关心、帮助诸垦场招募垦农，他日得便还请亲到诗巫一走。

林辂存的脑子里涌出一句名言：“君子坦荡荡，小人长戚戚。”

袁世凯接到汪声玲拍发的电报，说黄乃裳违抗大总统命令，阻扰烟禁，殊属自外法律，现已逮之下狱，他汪声玲悬牌告示，可是无法搪塞福建各界人士之口，街头巷尾，议论纷纷，只有假大总统威名，加以震慑。又说黄乃裳系同盟会重要人物，“非处以极刑，恐生后患。”

袁世凯心想：去年冬，汪声玲奉命主持闽政，镇压福建的国民党人时不遗余力。他知道黄乃裳参加过戊戌变法，还被通缉过，算来是老冤家了。他的几个女婿倒挺有名气。自己任直隶总督时，邀伍连德夫妇回国，伍连德先后任天津帝国陆军军医学堂副监督、外务部特任医官，被清廷特赏为医科进士，还主持过万国防疫会议。听伍连德说过，他岳丈到砂拉越去开办了个“新福州垦场”，后因不肯售卖鸦片，跟砂拉越国王闹僵了才回国的。不错，他是老同盟会会员了，可听岑春煊回京时说，他与彭寿松龃龉不合，“驱彭案”后，他不问政事，退隐归里了。袁世凯再三斟酌，判处死刑怕引起公愤，就指示判处终身监禁。

黄乃裳被捕入狱，并被袁世凯判处终身监禁的消息，迅速传至海外，全南洋华侨震动了！槟城、雪兰莪、柔佛、霹雳、雅加达、三宝垄、泗水、日惹、苏门答腊、古晋、石隆门、马六甲、纳闽、文莱、吕宋等南洋各埠代表陆续到新加坡。旅“新福州”十县同乡会会长、星洲工商联谊会会长林鼎华，此次受“新福州”同侨委托，全权负责组织营救事宜。由中华商务总会出面组织大规模集会，联合向中华民国驻新加坡总领事胡惟贤请愿，请胡电闽质问：“黄乃裳生平所办公益事业甚多，名誉也佳，究竟何事入狱判刑？！”

汪声玲回电声称：“黄乃裳罪在违抗大总统命令，破坏禁烟。罪在不赦。”

侨众得悉电文，怒不可遏。各埠代表300余人，再次拥至总领事馆。胡惟贤深受震动：“胡某素知黄乃裳君一生爱国爱乡，致力谋民生福利，向有盛声，对其受冤入狱，本人深表同情，自当再为电闽，力争无罪释放。”

林鼎华举着已经泛黄的黄乃裳手订“新福州”垦农公约，第一条便是禁止吸食鸦片——这就是最好的证据，要把它寄达中央。

胡惟贤浏览了已经拟好的洋洋300多字电文，毫不迟疑，提笔分别在发给中央政府和福建当局的电文前加上按语：“侨情激愤，请速予开释。”

来自菲律宾各埠的总代表宣布：菲国闽侨已电请厦门商会、教会、社会各派代表黄廷元、陈天恩等人，长期驻福州，每周到

狱中探望两次，观察案情，随时向海外报告消息。

黄乃裳入狱，惊动省内外和各国有心人，甚至日本、英、美诸国也有不少人声援，缄电相续不绝。黄乃裳感激地说：“绝没想到为我无妄之灾，竟至累人如此，乃裳心甚不安。”

此案虽然棘手，可汪声玲已生懊悔之心，他感到压力很大，却又不甘心就此了结。黄廷元以京中方面亦须有人奔走，派黄乃裳的三子黄景岐北上京、沪，寻求亲友帮助。

此时，黄景岐已乘船到了上海，见过二姐夫伍连德和二姐黄淑琼。伍连德忙于创设中华医学会，他说，自己原有半子之司，本应亲赴京师面见袁大总统或黎副总统，求他们网开一面，又恐他们不给面子。还是由他姐弟俩赴京，找币制局总裁和参政院参政梁启超帮忙。

黄淑琼担忧：“虽说爸爸与梁先生有多年交情，可后来又有离于宗旨之异，只怕他不肯帮这个忙。”

伍连德很肯定地说：“两人关系非同一般，至于后来政见不同，那是对事不对人。袁大总统还得借重他的笔杆子呢。只要他出力相帮，爸爸必能早日出狱。”黄景岐也说：“尽管他俩各奔东西，可是他们书信不断。家中还存有梁先生的信件，足足有一篓子呢。”

黄景岐和黄淑琼立即束装北上京师，奔走于父亲的故友和闽籍京官之间。这天，姐弟俩携带伍连德的信件，寻到旧帘子胡同梁启超的寓所。

梁启超经十多年的异国飘零，在袁世凯一再催促下回国参政。梁启超阅信后，关心地详加了解冤狱始末。听毕，他猛地推开座椅，霍地站起，铁青着脸说："汪声玲自以为炙手可热，竟无法无天，连觳丞先生也不肯放过！"并表态说，自己绝不会作壁上观，关于此案所有文字，自当独任其劳，并在京中有司奔走，还拟好一封慰问电报，着人发至福州转黄乃裳。

因海内外团体、人士的巨大压力，袁世凯终于被迫将汪声玲撤职，调回北京，并将黄乃裳改判为准予保外。窦炽昌在闽清待不下去，也卷铺盖而去。

1914年7月16日，黄乃裳获释出狱。狱所外，停着数十乘肩舆，南台60多位绅商具柬欢迎，又有数百人徒步来接，后面是一个锣鼓队，早有闽南染织女学校学生为他披上红色彩带。一路上，人们欢呼口号，燃爆无数，引得万人空巷。

不久，黄乃裳收到林文庆电信，介绍南洋华侨群起营救情形，仅新加坡一埠开销电报费就达万余元之数。电信中对他的出狱表示祝贺，并劝他吸取此次蒙冤入狱的教训，今后宜重于休养，以延年益寿，勿再多管政事、闲事。

他自忖道：生平学问道德无一可取，而蒙天下人惠爱若是。自己衰老之躯，弗克图报于分毫。今后唯对天下人，矢志尽我余生，抱利他主义，至于入墓之时，不敢偷活苟且而已。

第十二章

老骥伏枥

黄乃裳在闽清主持修建水利工程福斗圳，造福闽清人民。他继续反对袁世凯复辟和军阀段祺瑞、李厚基的斗争，创办了《伸报》。他不顾年迈体弱，先后担任中华民国军政府、福建省长公署高等顾问，继续爱国为民的一生，直到生命的终点。

议修福斗圳和处理米船工命案

1914年夏秋之交，闽清遭受百年少见的干旱，灾情严重，十五都一带的望天田颗粒无收。

如能创筑陂圳，引来梅溪水，横贯十五都，各村将大为受益。黄乃裳统计过十五都的田数，倘风调雨顺，年可收米谷近万石；若雨水不足，只能收丰年的半数或二三成；如逢旱年，损失更为惨重。于是他马不停蹄地调查、研究，渐渐地，一个修圳的计划在他头脑中形成。

春节一过，他召集邑中士绅和十五都的田主，议修陂渠，引水灌溉。田主们对修建陂渠是一百个赞同，但对出资方式又各怀心思。

这时，闽北将乐、泰宁一带的闽清米船工与永泰米船工发生械斗，互有死伤，且有扩大的态势，众米船商请黄乃裳速去调解处理。

福斗圳源头（闽清县社科联供图）

鼠船产于闽清，又称舴艋船，相传始创于北宋徽宗政和年间，系适合于浅溪行驶的平底小木船。因头尾尖、船体轻、吃水浅，灵活小巧，又因它形似硕鼠，本地人叫它“鼠船”。

闽江上游地区是全省重要产粮区，尤以米谷为多，但江中石脊嶙嶙，滩礁甚多，溪流下注，湍急多变，汽船难以航行。“雨余月际，遥睇江烟苍茫间，舴艋往来，飘如一叶，亦佳趣也。”这是朱熹笔下的闽清鼠船晚渡美景。鼠船通常由福州承运食盐、糖和日用工业品，分赴闽北各县，然后由上游各县运输大米、土纸等土特产品下行到福州。闽清人除了农耕外，当米船工是重要的生活出路。闽清一县米船工有五六千人，永泰、古田、尤溪和浙江、江西也有船帮经营此业。

7年前，闽清船工与浙江船工斗殴，致死人命，沿江700多艘米船几至歇业，福州米价暴涨，市民骚乱。黄乃裳倡设上洋、建邑米船公司维持调护。此命案经13处官厅审判，拖延一年多才了结。后又有闽清与永泰船户互杀事，他再次前往调查排解。后来他任省议员时，还专门提出米船业协调议案。

如今又出命案，黄乃裳想到人

命关天，又事关千家万户，刻不容缓。他稍作收拾，便随来人赶往闽北周旋。半年后，凭着他的声望，四处调停，方才平息了事端，并在闽北各处动员大力栽种杉木靛蓝，以广生路，自己则先行招工种杉3万株作为提倡。

回到闽清，他又投入十五都水渠的筹划工作。反复查看后，他决定循着一条废圳故道重修圳道。鉴于向殷商富户筹资困难，只有按新圳的受益田亩抽捐，不足部分另行设法。他还拟定了抽捐章程。

这么重大的水利工程，应取得当地政府的支持。他写成建渠计划，禀报闽清县知事。县里把它转呈省政府公署、水利局，再报北洋政府农商部备案。不久，便接得省公署批文同意，组成以县知事杨宗彩为监督、黄乃裳为实际负责人的建圳机构。省水利局派专家进行勘测，提出精确数据，最后确定在福斗崖下筑坡开圳。

反袁和创办《伸报》

1915年，袁世凯做起了皇帝梦。5月9日，他接受灭亡中国的《二十一条》，以换取日本对复辟帝制的支持。这一天成为“国耻日”。

黄乃裳赶到省城，观时事而谋举反袁、倒李大计。考虑到突然在省城现身，容易引起李厚基耳目的注意，得有个名目，便于掩护自己的活动，他便在对湖原住所挂起“闽南染织女学校维持会”的牌子。

黄乃裳到福州时，复辟活动已达到高潮。袁世凯改国号为“中华帝国”，申令改明年为洪宪元年。孙中山发表《讨袁檄文》，他的中华革命党四处起义。12月25日，蔡锷、唐继尧在云南宣布独立，组织护国军，讨伐袁世凯，护国战争爆发。1916年元旦，袁世凯在新华宫接受百官朝贺，终于如愿当上了中华帝国的皇帝。

当速妥筹讨袁之策。黄乃裳见李厚基早已在省城作了周密部署，只有在周边诸县树起义旗。吴适回连江召集旧部；刘通前往云南，参加护国军；黄乃裳则联络同盟会故友，往连江进行誓师，通电声讨袁世凯，广招兵马，威慑省城。

3月22日，袁世凯被迫宣布取消帝制。6月6日，窃国大盗袁世凯羞愤忧惧而死。

过了些日子，闽清县学界派人来福州，告诉黄乃裳近年县中学务退步，邀他再次出任教育会长一职。他满口答应，准备返梅督修福斗圳，并为发展教育再尽绵力。

刘通刚从云南回来，听说黄乃裳欲回闽清，忙赶来阻行，并邀他创办报纸。

黄乃裳联想起袁世凯出殡的场面，完全是大行皇帝的气派。看来还是要开通民智，才能巩固民主共和制度。自民国元年孙中山去职后，革命党被屈五载有余，至今方能稍伸其气。如今办报，期望能够尽对内为国民、对外为国家的天职，稍可抒发平生怀抱。黄乃裳因此起新报名为《伸报》。

作为老报人，他轻车熟路，《伸报》很快就正式发刊。报社资金由他和刘通垫付后，其他同志也各有资助。这是黄乃裳一生中第六次办报。

1917年初，黎元洪、段祺瑞为中国是否参加第一次世界大战争论不休，造成府院对立。美国支持黎元洪反对参战，日本指使段祺瑞对德宣战。段氏强迫议员通过参战案。议员们不堪凌辱，只好停会。报界揭露段氏向日本秘密借款1亿日元的勾当，更激起国人的反对。

黄乃裳主持的《伸报》刊发社论，反对参战，隐刺李厚基。当天上午报纸即销售一空，读者拥至报馆要求增印。

警察厅派出便衣，将增印的报纸全部烧毁，还扬言要捣毁报馆。李厚基回到福州，听说此事，暴跳如雷，令警察厅封闭报馆，并派卫队要拘留、严办黄乃裳等“干犯”。后经人疏解，方才作罢。

福斗圳建成

黄乃裳见民生多艰，国事日非，想自己再留在福州又有何用？福斗圳已经开工，回闽清去吧，还是为民办一点实事好。于是他又每日奔波于工地。

黄乃裳从不告诉后辈他的生日。一些朋友和弟子几次要为他祝寿，他说，母亲去世得太早，他的生日就是母亲的受难日，何忍再提自己的生日？他花甲那年，弟子们硬要他说出生辰日期，但他口风紧得很。不过，闽清习俗，每逢岁十（虚），亲友们在这一年除夕前要馈赠礼物祝寿，俗称“做十”。亲朋故旧就约定在除夕日为他庆寿。他一一辞谢。

人生七十古来稀。他回顾几十年走过来的路。虽力行基督教利他主义，但自己究竟为国家为社会做了些什么？他经常扪心自问，总认为自己“于世无所裨益”。今后，恐怕在世时日不多，应如何发挥余热，为社会多做一点分内事呢？他写下一副言志联：

问已往于世何裨，历数二万五千日以来，成甚事业；

愿以后对天无愧，不虚六十有九年之外，再度余生。

黄乃裳《七十自题》

（闽清县社科联供图）

他虑及春涝将至，影响坡圳的修建。元宵节未过，便赶往现场督促，与工人一起风餐露宿。5月，蓄水堤坝拔地而起，工人们硬是在悬崖峭壁上开凿了一条圳道，足有1公里长，还筑砌了两条渠堤。

冽冽的梅溪水沿着福斗圳的圳道，蜿蜒流向十五都各乡村，滋润着地里的禾苗，也滋润着黄乃裳的心。

开工以来，黄乃裳频繁往返县城和工地之间，虽烦劳尽瘁，但想到圳已建好，能引水灌田，造福于民，心中殊绝欣慰。为了建圳，他费尽口舌，征地迁墓，厚着脸皮四处募捐。有陈姓富户迷信风水，谓不受福斗圳灌溉，便不肯抽捐，还向省水利局及省长署控告。但面对诬陷、攻击，黄乃裳都受得了。他知道，功多怨也多，希望功成怨自消。

哪知几个鼠船户受人唆使，偷偷在福斗圳陂脚处，把圳头蓄

黄乃裳（右二）与友人合影

水堤坝石块撬开3米多宽，适逢山洪暴发，堤坝从被撬毁的缺口崩塌，几至荡然无存。

黄乃裳哪料得遭此横劫。为何做好事竟如此之难？他欲哭无泪。

痛定之后，他义无反顾，重修陂圳！

为了预防山洪暴发，黄乃裳和技术人员多次勘测，将圳头堤坝移设于上游的上潭一地。那里水势稍缓，陂高只须1.6米，宽度六七十米，足以抵挡山洪的冲击。困难之处是要在峭壁上开山取石，砌筑成数百米的圳道。

真是祸不单行。刚开工修坝，他却又不得不匆匆去乡下避难。

段祺瑞执政后，抛弃《临时约法》和旧国会。孙中山南下广州，联合西南军阀，建立护法根据地，成立非常国会，推林森为参议院议长，又组建护法军政府，孙中山任大元帅，宣布出师北伐。李厚基是皖系干将，负有进攻广东使命。他加紧筹饷制械，扩军备战，强行推销公债，预收丁粮正税两年。更可恨的是，他派兵持枪强迫农民栽种罂粟，按户摊派鸦片捐，还办理收捐招标，由中标者包办征收。每年出产鸦片膏数十万两，烟毒遍及全省。

黄乃裳反对北洋军阀，也反对段祺瑞的大红人李厚基治闽，更痛恨横征暴敛，尤其是迫种鸦片，荼毒人民。他到处呼吁，阻止农民种植罂粟。

70岁的黄乃裳

讨闽粤军总司令陈炯明，偕许崇智率军入闽，势如破竹，占领闽西、泉州、永泰、闽清，进逼福州。李厚基讨粤不成，反而失地二十余县，丧师两万余众。恼羞成怒之下，他督师拼死夺回闽清等地。

此时，闽清社会传言四起，说黄乃裳反对李厚基，阻碍其种烟计划，李已下令逮捕他。对此，黄乃裳不以为然。家人和亲友纷纷劝他暂避，他坚持陂圳复修在即，哪能远避，延误工程？家人无奈，硬是把他送往僻乡。新工程开工时，他冒险前往主持。亲友闻讯，再次强行送其到乡下避祸。

在避居地，基督教会福清会友请他提供平生著作，及译述他所做过的事，为编修教会史之用。他想，虽未曾留下皇皇巨著，但前后六次办报，所作文章不少，只是身边未曾留存。雪泥鸿爪，现在应当利用避居之暇，写篇回忆录，把几十年来所走过的路和思想写出来，对历史有所交代。

他用半个月时间，至10月初写成《绂丞七十自叙》，后来经萨镇冰题签出版。它给后

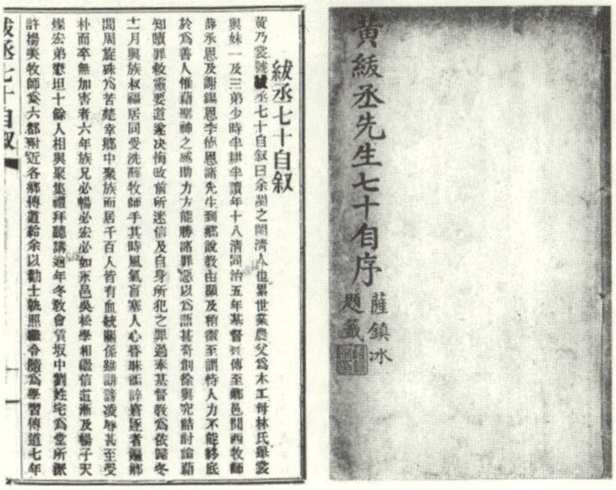

《绂丞七十自叙》书影（黄乃裳研究会供图）

人留下了一份宝贵资料，从中可以看到一个近代中国书生和侨胞爱国救国的典型——黄乃裳寻求真理的足迹。

1919年暮春，新堤坝和在绝壁上凿石而成的新圳道完工，开始灌溉。这正是：

筑陂开圳梅溪畔，情系民瘼有乃裳。

福斗基立危岩下，民丰物阜福泽长。

担任中华民国军政府、福建省长公署高等顾问

晚年的黄乃裳常说：“无用的我，活在这世上已有七十余年，建树无多，殊感遗憾。但愿此后天假余年，更当尽力服务社会，造福人群，然后才能问心无愧。”

1921年初，黄乃裳应孙中山之邀从福州乘海轮到广州。

由于桂系军阀的排挤，护法战争失败，孙中山被迫撤回上海。1920年冬，粤军回师广东，击退桂系军阀，许崇智等请孙中山重返广州，主持政局。孙中山在上海召开军政会议，决定到广州重组中华民国军政府。他电邀黄乃裳前往广州，担任中华民国军政府高等顾问，共商大计。

特任狀

特任黃乃裳為國民政府高等顧問此狀

中華民國 月 二日

孫文

孙中山给黄乃裳的特任状

黄乃裳感念于孙中山的知遇，不顾年迈体弱和家人与亲友的极力劝阻，毅然赴召。在广州期间，他与孙中山频频探

讨，欲将三民主义赋予新的内涵，以更适应潮流，贴近民生。

晚年黄乃裳像

1922年春，黄乃裳肝病复发，难以胜任繁重的工作。他向孙中山辞职，返回厦门，就医于鼓浪屿救世医院。在厦门大学任校长的长婿林文庆见岳翁一切用度十分节俭，表示每月给以500元奉养。黄乃裳说自己习惯了清贫的生活，婉言谢绝了他的好意。

1923年初，萨镇冰正式担任福建省长。他立即派省署委员再次赴闽清，诚邀黄乃裳担任福建省长公署高等顾问。这时，黄乃裳的身体已有好转。他看到萨镇冰深得人望，真心实意邀请他，旨在共同治好闽政，于是又一次只身赴福州履新，负责华侨、实业和教育诸方面工作。

1924年初，国民党第一次全国代表大会上，国民党接受了中国共产党反帝反封建的主张，重新解释了三民主义，确定了“联俄、联共、扶助农工”的三大政策，与黄乃裳一生为之奋斗的服务农工的理念完全吻合。黄乃裳闻此欢欣不已。

不久，黄乃裳腹部剧痛，他知是肝病复发，只得辞别故友，拖着病躯，离开福州回到闽清县城。后又延医诊治，服了几帖药，病情不见好转，反而更沉重了。9月22日，他最后一次睁开那饱览近代变幻风云的眼睛，然后轻轻合上，走完了他爱国为民的传奇人生。

第十三章

遗爱在人间

黄乃裳去世20余年后，闽清县各界为他举行公葬，群众感念他的伟大人格。他在海外也有着广泛而持久的影响力。

作为杰出的华侨领袖、中国近代爱国知识分子和侨胞救国的典型代表，黄乃裳从一个虔诚的基督教徒成为一个维新志士，再成为一个坚定的民主革命者，其思想演变的基调是爱国主义和利他主义。他说，自己一生最大的愿望和奋斗目标是中国“有吐气扬眉之日，有抖擞自强之时，有与欧美并驾齐趋之望”。他历尽千辛万苦，“凡平生所未尝之苦楚，无弗尽尝”，表现了“矢志尽我余生，抱利他主义”为民奉献的崇高精神境界。他的一生充分体现他是“一位著名的爱国华侨，也是一位坚强的民主革命者，振兴中华的志士”。

黄乃裳在海内外有着广泛而持久的影响力。他撒手尘寰，身后萧条，棺椁未安窀穸，暂厝于湖峰。闽清县曾呈请福建省政府，转呈中央为黄乃裳举行公葬，然而因战乱连年，未奉施行。蹉跎竟逾二十余年。

1949年5月18日，闽清县各界联合举行黄乃裳公葬活动。会场设在湖头黄氏祠堂，主席台中央悬挂黄乃裳遗像，正下方有一首四言诗，高度概括了黄乃裳奋斗的一生：

泱泱左海，天诞贤良。
清政窳败，志切扶匡。
奔走南北，辛苦备尝。
国父为友，革命义彰。
功成勇退，惠普梓桑。
岩岩道貌，高山仰望。

主席台两侧悬挂闽清县参议会的挽联：

百顷汪洋从福斗；
万千事业建南天。

福建各界公葬黄乃裳（黄乃裳研究会供图）

全县下半旗志哀，停止娱乐一天。尽管当时国共两军战事已延至福建境内，参加公葬大会的仍然达到5000人以上，执拂者数以千计。省中故旧官绅感于黄乃裳的伟大人格，不辞跋涉，赴湖峰参加执绋，送殡行列绵延里许。福斗圳的受益群众，遍设路祭，供以全猪全羊，男女老少焚香，像元宵迎神赛会，将黄乃裳当作菩萨供奉，顶礼膜拜。先生遗爱长在人间，于此可见。送葬队伍绕道10公里，将黄乃裳的灵柩安葬在湖峰村后的洪德洋龟山陵园。

1991年，黄乃裳、黄乃模陵墓被公布为福建省重点文物保护单位。

砂拉越三世拉者维纳·布洛克致曾函“新福州”光远社云：“福州人者，砂拉越之宝也。”如今，诗巫已成为马来西亚一个现代化的城市，当地民众仍尊称黄乃裳为“港主”。这里的居民多是福州十邑移民及其后裔，他们讲福州话（闽语），看福州戏

（闽剧），听福州评话伬唱，过福州传统民间节日，婚丧喜庆、饮食、服饰等生活习惯及宗教信仰，也一如福州故土。

1935年，砂拉越诗巫福州垦场成立“纪念筹备委员会”，以纪念黄乃裳垦殖之功。诗巫福州公会自1951年纪念诗巫“新福州”垦场50周年开始，此后每十年都举行盛大的庆典，并出版纪念特刊。1958年，诗巫市议会将一条新大街命名为黄乃裳路。1967年，诗巫福州公会创办黄乃裳中学，并正式招生，1970年校舍全部落成。之后还兴建了黄乃裳纪念碑、铸造黄乃裳铜像等来纪念他的伟绩。2000年诗巫福州公会组成100余人的“感恩之旅”访问团，祭拜港主黄乃裳，巡访福州十邑。2001年3月16日，诗巫福州公会举行“新福州”垦场100周年盛大庆典，诗巫市万人空巷，盛况空前。在当年黄乃裳亲率垦农登岸的新珠山，

当代泗务鸟瞰

新建的“黄乃裳公园”同时竣工开放，成为诗巫人休闲的好去处，也是诗巫又一道亮丽的风景线。规模壮观的黄乃裳中学综合体育馆同时落成。2004年12月，在马来西亚首都吉隆坡举行的福州十邑同乡恳亲会上，时任马来西亚副首相纳吉在会上赞扬说：“没有黄乃裳，就没有今天的诗巫市。”

台湾著名女作家龙应台在参观婆罗洲岛上的“新福州”、了解黄乃裳的丰功伟绩之后，颇为震撼。2007年，她在澳大利亚墨尔本大学演讲中这样说道：“这是多么令人感动的历史，多么有震撼力的景象，美利坚合众国的开国史，也不过如此吧？为什么知道的人那么少？为什么没人把它写成小说？为什么没人把它拍成电影？为什么它不在我们的小学历史课本里？！”

民国期间，感于黄乃裳有功于社会和国家，福州台江万侯街改名为“乃裳路”，籍留纪念。在福州市台江区帮洲街道后田新闽街71号闽清会馆（梅邑会馆）内，辟有“黄乃裳纪念馆”一间。1979年黄乃裳故乡坂东修建“黄乃裳纪念馆”。1983年雕塑黄乃裳半身立像。1995年湖头街也更名为“乃裳街”。1996年闽清县黄乃裳纪念馆（位于台山公园）落成，塑造黄乃裳全身立像，

民国时期的乃裳路（黄乃裳研究会供图）

闽清县黄乃裳纪念馆

供人瞻仰。1998年黄乃裳、黄乃模陵墓旁的黄乃裳纪念馆落成。2001年福建省黄乃裳、黄乃模学术研讨会在福州隆重举行。2004年成立了福建省黄乃裳研究会。

在旅居“新福州”侨胞捐建的闽清县黄乃裳纪念馆中，悬挂着这样一副对联：

干革命，爱国忧民百世功高扬左海；

辟垦场，披荆斩棘万家春暖荫南天。

黄乃裳纪念馆作为福州市爱国主义教育基地和省侨联爱国主义教育基地，是纪念、缅怀黄乃裳业绩，广泛开展海内外文化交流的重要场所。2016年中国侨联命名闽清县黄乃裳纪念馆为“中国华侨国际文化交流基地”。

后　记

福建，山海相拥，人杰地灵，人文荟萃，英才辈出，产生了许多伟大的思想家、文学家、教育家、科学家和民族英雄、爱国先驱、革命将士、时代楷模。他们的教育成长、道德品行和思想文章，是福建的宝贵精神财富，教育和激励着一代代福建人努力学习、奋勇前行。福建省社会科学界联合会组织编写的“福建历史文化名人丛书”，以福建历史名人为题材，古今结合，意在从高处着眼、从基础着手，普及人文社会科学知识，促进人文道德养成，使社会科学知识走进大众、走进生活、走进现实，让更多的人了解福建历史名人，弘扬优秀传统文化，增强福建文化影响力和感染力，为建设文化强省添砖加瓦。

“福建历史文化名人丛书”（第四辑）所包含的陈元光、林慎思、吴夲、胡安国、李纲、真德秀、黄乃裳、陈季同、萨镇冰、林森10个人物故事，记录了福建文化之于中国历史的影响，同时也以人物史的叙述方式生动地展现出中国人文精神的风骨和传统文化的传承。人物篇以人物生平为线索，在故事中体现传主的学问、事功、道德，凸显他们在中华文明进程中的重要作用，深入挖掘和阐发其内在精神，从而激起读者爱国爱乡的强烈情感，使之成为涵养社会主义核心价值观的重要源泉。

这套丛书以广大群众为读者对象，尤其是各年龄段的学生群体以及受过中等教育的读者，他们对这些历史名人的认知，大多来源于历史课本、乡土教材、文化景点和博物馆，很难形成具体、深入、系统的认识。丛书深入浅出，雅俗共赏，通过一个个生动精彩的故事带领读者走进福建历史，走入人文社会科学的知识殿堂，融故事性、知识性、趣味性、可读性于一体，对提升大众的阅读水平、普及社会科学知识、提高人文社会科学文化素养和思想道德素质有着积极的作用。

专家刘小新老师对丛书写作大纲和书稿进行了认真审读，并提出了许多很好的意见和建议，在此表示感谢！

若有不足之处，敬请广大读者批评指正。

编委会

2019年8月